Como Leer y Orar los Evangelios

por

Marilyn Norquist Gustin

adaptado por

Olimpia Díaz

Una Publicación Pastoral Redentorista

LIGUORI
PUBLICATIONS

One Liguori Drive
Liguori, MO 63057-9999
(314) 464-2500

Imprimi Potest:
Edmundo T. Langton, C.SS.R.
Provincial de la Provincia de San Luis
Los Redentoristas

Imprimatur:
+Juan N. Wurm, S.T.D., Ph.D.
Vicario General de la Archidiócesis de San Luis

Indice

Prefacio: ¡La Biblia fue escrita para leerse!

Las personas están descubriendo un hecho: la Biblia fue escrita para leerse. Dios se valió de seres humanos para escribir su Palabra y para poder comunicarse con nosotros. La Sagrada Escritura fue escrita para que se entendiera, para que fuera interesante y atractiva. Y lo es. Los humanos se sienten atraídos a la Biblia porque es un libro cuyo tema es la vida. La Biblia es un libro que habla de la realidad humana tal como es y narra las experiencias de personas reales, con sentimientos reales. La experiencia central de la vida de los personajes bíblicos es la de Dios en el centro de sus vidas. Las Escrituras destacan el hecho de la entrada de Dios en la vida humana. La misma es algo esencial para toda persona y por eso nos cautivan las Escrituras. Más y más a menudo la gente acude con placer a las Escrituras.

La Biblia también es una invitación que requiere que respondamos a ella. El leerla es interesantísimo porque invita a cada lector a dar un sí o un no a la obra creadora del Padre en su vida y, finalmente, un sí o un no a Jesucristo. Cada lector de las Escrituras se enfrenta cara a cara con Jesús y es animado a formar una relación amorosa y permanente con él.

Así que la Biblia es una aventura que te ofrece Dios. A lo menos, es una lectura agradable, y a lo más, se convierte en parte de tu vida y te da alegría, un desafío, consuelo, dirección, entendimiento e inspiración. Todo esto sólo aguarda que le prestes atención para que la lectura empiece a darte sus dones.

Este libro es una guía para que te envuelvas en las Escrituras, especialmente en los evangelios. La respuesta a la invitación bíblica sólo la puedes dar tú, pero se te dan sugerencias a través del libro. Estas sugerencias incluyen ideas para usar en familia, o en grupos de familias, preguntas y un plan para usar el libro en un salón de clases. No se supone que sólo leas este libro. Pon en uso las sugerencias que se dan. Ahonda en tus reacciones y respuestas.

Por supuesto, este libro de nada sirve si se usa solo. Debes usar las Escrituras con él, especialmente los evangelios. Lee las referencias bíblicas que se dan. El primer número en cada referencia indica el capítulo del evangelio, y los números que siguen indican los versículos.

Y, finalmente, ¡diviértete! Pasa un buen rato al leer con alegría y con placer y harás descubrimientos, aprenderás, orarás. Deja que la Palabra de Dios penetre en lo más hondo de tu ser. Busca el sentimiento humano, las preguntas que los humanos se han hecho desde el principio, la acción de Dios en la vida humana. Al igual que la Biblia fue escrita acerca de personas como tú, también fue escrita para personas como tú. Por medio de las Escrituras, Dios te pide ser parte de tu vida.

Los Cuatro Evangelios: Recuerdos de la Iglesia Primitiva

Los evangelios son únicos en la literatura. Ningún otro escrito trata de llevar a cabo su propósito del mismo modo que ellos. El propósito de los evangelios es el de animar, a ti y a mí, a creer en Jesucristo. Esto se llevó a cabo al preservar los recuerdos de la comunidad cristiana primitiva a través de los corazones, oraciones y mentes de cuatro individuos y sus redactores. La fuerza motora fue un proceso misterioso de Dios — la inspiración.

Cómo y por qué fueron escritos los evangelios

Los recuerdos preservados en los evangelios no son sólo recuerdos de individuos sino recuerdos de la *comunidad cristiana*. Solamente el Evangelio de San Juan fue escrito posiblemente por un testigo ocular. Los evangelios son los recuerdos de una comunidad de personas para las cuales estos recuerdos trajeron un cambio de vida. La comunidad se acordaba de una Persona y de eventos que la había formado, tanto individualmente y como grupo. Para los miembros de esta comunidad todo cambió después de su experiencia de Jesús. Su recuerdo de él era algo más que un recuerdo afectuoso. Ese recuerdo era el centro de su vida.

Piensa ahora por unos momentos. ¿Cómo participas de tus recuerdos más vivos? La mayoría de nosotros experimentamos varias cosas cuando nos ponemos a pensar en nuestros recuerdos. Conocemos los hechos, por lo menos como se presentaron en el momento. También volvemos a sentir las emociones que acompañaron a los hechos. Traemos a la mente el significado de los hechos y los sentimientos. Reconocemos los efectos que los hechos tuvieron en nosotros, lo que escogimos debido a ellos, el efecto que tuvieron en nuestra vida. Las impresiones que recordamos son quizás mejores que el hecho mismo. Percibimos más claramente la belleza y los dones especiales de la persona o del evento. Cuando volvemos a vivir un recuerdo, todos estos significados se convierten en parte de la experiencia original. Por consiguiente, los recuerdos nunca son sólo hechos. Algunas veces su significado le da más importancia al recuerdo del evento que al propio evento. Recordamos el contenido del suceso. Así que la pregunta para el lector de los evangelios no es "¿Verdaderamente sucedió el evento tal como lo cuentan?" sino más bien, "¿Qué importancia encontró el autor en el evento al describirlo así?" La segunda pregunta es a menudo más difícil de contestar, pero es la que le hace justicia a la Palabra de Dios y la más provechosa para nosotros.

Los evangelios, por lo tanto, son los recuerdos de la comunidad cristiana primitiva, recogidos y escritos devota y amorosamente por cuatro *escritores* distintos y *sus redactores* (editores). En aquellos días no existía la propiedad literaria. Un escritor del evangelio recibía la inspiración para escribir y los redactores añadían a lo escrito por el autor. La tarea de los expertos en materias bíblicas es la de buscar y separar el trabajo de los redactores de lo que era el escrito original, pero pocas de las conclusiones de los expertos afectan el propósito de este libro. Hoy día, el significado de estos estudios de los expertos es la reafirmación de la naturaleza comunal de los evangelios aun desde sus comienzos. Se usa un solo nombre para indicar el autor de cada evangelio y esto expresa que una sola persona fue el autor, pero esta persona usó el material de la comunidad y otros redactaron su libro. La sociedad hoy día es tan individualista que puede ser que al principio cueste trabajo apreciar esta obra comunitaria. Sin embargo, se sabe que el individuo tiene limitaciones y que una comunidad puede ser una mejor fuente de la verdad. Así fue que la memoria comunitaria hizo nacer a los evangelios.

Finalmente, se considera que el recoger, el escribir y el redactar (o editar) fueron tareas dirigidas por Dios por medio de la inspiración. Nadie parece poder explicar exactamente como se lleva a cabo la inspiración, pero por la inspiración Dios asegura que la verdad que importa está presente y se puede reconocer en la Biblia. La inspiración también le ha dado a las Escrituras su vitalidad. Nunca pasan de moda. Siempre se puede llegar a Jesucristo por medio de las páginas del evangelio.

Desarrollo de los cuatro evangelios

Los primeros cristianos no empezaron a escribir la historia de Jesús tan pronto subió éste al cielo. Aunque él había cambiado el pensar de ellos en cuanto al reino de este mundo, los cristianos de aquel entonces esperaban su segunda venida en el futuro inmediato. Probablemente ellos pensaban que Jesús regresaría antes de que ellos murieran. Los recuerdos que tenían de la vida, muerte y Resurrección de él eran el corazón de sus oraciones, sus pensamientos y de todas sus actividades. Estaban animadísimos. Corrían a contarles a todos la historia de Jesús. Predicaban, enseñaban y curaban a la gente. Atraían a muchas personas. Así crecía la comunidad cristinana.

Pero por muchos años no escribieron nada. ¿Por qué? Porque en aquel entonces ese no era el método más eficaz de comunicación. Los discípulos probablemente creían que no iban a tener tiempo de escribir "evangelios" antes de la segunda venida de Cristo. No pensaron en conservar escritos para las generaciones del futuro porque pensaban que no iban a haber futuras generaciones. Pero al pasar los años, cuando los testigos oculares de la vida de Jesús murieron o se convirtieron en mártires, la comunidad empezó a reunir sus recuerdos. No se puede dar muchos detalles de cómo pasó esto, pero sí se sabe que entre los años 65 y 90 del siglo primero, su trabajo de recoger y apuntar resultó en los evangelios. Los evangelios fueron escritos por cuatro cristianos que se enfrentaban a circunstancias diferentes y por eso reflejan sus propias perspectivas e inquietudes. Cada autor escribió para un grupo distinto de personas, pero cada uno quería inspirar la fe en Jesús.

Si sólo tuviéramos interés en un solo aspecto de Jesús, las cuatro perspectivas expuestas en los evangelios causarían problemas. Sin embargo, como lo que nos importa es el significado y lo tocante a la vida, las cuatro perspectivas son una ayuda y no un impedimento. El primer evangelio se escribió más de 30 años después de la muerte de Jesús. Desde que se escribió ese evangelio hasta que se escribió el último, pasaron otros 30 años. Las circunstancias y los conocimientos cambian con el tiempo y nosotros también cambiamos y progresamos. Los evangelios nos ofrecen algo para cada etapa de nuestra vida.

Todos los evangelios comparten material básico y convicciones básicas acerca de la vida, la muerte y Resurrección de Jesús. Sin embargo, son distintos. Cada uno ofrece una perspectiva diferente de Jesús. Esto se puede explicar si se usa a tu familia como ejemplo. ¿Quién es el padre? ¿Cómo es él? Al describirlo, ¿la madre lo hace como el hijo o la hija mayor? ¿Cómo lo describe el hijo o la hija menor, el abuelo o la abuela, o su mejor amigo? Si quieres una descripción completa del padre tienes que incluir todas estas perspectivas. Los evangelios ofrecen una imagen completa también. En conjunto, las diferencias ayudan a obtener una descripción más completa de Jesús, el Hijo de Dios, quien tiene un mensaje para cada persona.

Ya que cada evangelio fue escrito por una persona diferente, entonces cabe la pregunta de si están relacionados entre sí. Una comparación demuestra que el de Mateo, Marcos y Lucas se relacionan en un sentido literario. El de Mateo y el de Lucas son más largos que el de Marcos. Los dos contienen el material que Marcos incluyó. Mateo y Lucas también usan material que Marcos no usó y probablemente dependen también, en parte, de Marcos. El Evangelio de Juan, por otra parte, aparentemente es una producción independiente. Su esquema es completamente distinto y gran parte del material es exclusivo. Al examinar cada evangelio por separado en los capítulos que siguen, los temas y el énfasis de cada evangelio se verán claramente.

El objetivo de los evangelios

Al ahondar en este libro, te darás cuenta de que el tratamiento de los evangelios es incompleto. Para ilustrar lo que un tratamiento completo envolvería, fíjate en esto: el comentario del Evangelio de San Juan por el P. Raimundo Brown resultó en dos tomos enormes. La intención de este librito es limitada y específica: darte una introducción a la lectura y la oración de las Escrituras y procurar que tú leas los evangelios. La intención es que por medio de este librito tú descubras cómo leer la historia de Jesús con alegría y sin demora. También descubrirás cómo usar la Biblia como una base y una fuente de materia para la oración. Se ha dicho que las Escrituras no se pueden conocer hasta que uno no las haya usado como materia de su oración. Se puede tener todo el conocimiento de todas las bibliotecas que existen, pero esto no dará el discernimiento interior que uno recibe al "orar las Escrituras." Por medio de ese discernimiento interior uno llegará a conocer y a amar a Jesucristo íntimamente. Ese es el objetivo de los evangelios.

No pienses ni por un momento que a Jesús no le interesa que leas y ores los evangelios. Si te sientes atraído/a a ellos es porque Cristo ya te ha invitado a que vayas a él. Tú ya estás respondiendo a su invitación. Y porque Cristo está interesadísimo en que participes de las Escrituras, puedes contar con su ayuda. El te ayudará a comprender su significado, a darte cuenta de sus objetivos. El estará presente para crear el profundo amor por él que desea que tengas en tu interior. El deseo continuo de Dios de comunicarse es la esencia de las Escrituras, tanto cuando se escribieron como ahora cuando se leen. Dios quiere que comprendas.

Sugerencias para la lectura y la oración

Sugerencias para familias. El leer y orar las Escrituras juntos es una experiencia que ninguna familia debe pasar por alto. Es una manera ideal de profundizar la unión con Cristo y con los demás. El leer y orar las Escrituras profundiza la verdadera comunicación humana y espiritual entre los miembros de la familia, y ayuda a vivir como cristianos llenos de amor y esperanza.

Estas sugerencias generales pueden enriquecer la participación de la familia en las Escrituras:

1. Lean las Escrituras y oren juntos *con regularidad.* El tiempo que dediquen y cuándo lo vayan a hacer variarán de acuerdo a las familias. Juntos escojan cuándo lo van a hacer y sean fieles a lo acordado.

Antes de la comida familiar es un buen momento para leer un pasaje favorito del evangelio. Después de la lectura, la oración antes de la comida puede basarse en lo que Cristo les comunicó por medio de las Escrituras.

Se sugiere que ustedes tengan una sesión más larga por lo menos una vez a la semana. El sábado o el domingo por la noche es una buena ocasión para estas reuniones bíblicas. Recuerden que éstas son ocasiones especiales en la vida de su familia — ocasiones en las que ustedes deliberadamente escogen reunirse para amarse al compartir la Palabra de Dios.

2. Dejen que los niños hagan todo lo que puedan. La clave para mantenerlos interesados es su participación activa. Siempre conviertan estos momentos en una experiencia llena de alegría para los niños. Cuando sean adultos se acordarán de estas sesiones y los recuerdos serán una gran influencia en las relaciones con sus propias familias y con Dios.

3. Pueden tener a mano un diccionario de la Biblia para buscar el significado de palabras que encuentren en la lectura. Pueden comprar uno en cualquier librería religiosa.

4. Si quieren, pueden aprender de memoria algunas frases o pasajes favoritos. Cuando los niños crezcan posiblemente recordarán algunos.

5. Hay materiales que pueden servir para enriquecer su aprecio de los evangelios. Pueden ir a una librería religiosa para ver cuáles les serían provechosos.

6. La oración debe ser parte de cada sesión bíblica familiar. Después de leer y discutir un pasaje del evangelio, que cada miembro tenga una oportunidad de hablarle a Jesús en sus propias palabras. Si alguno quiere orar en silencio, esto también es bueno. ¡Los padres no deben utilizar estos momentos para darles sermones a los hijos!

Quizás, para terminar la sesión, quieran orar un salmo juntos, cantar una canción, o rezar una oración apropiada.

7. Al ir usando este libro, cada familia determinará a que paso va a ir. Y siempre recuerden: Ríanse juntos, disfruten juntos, diviértanse juntos al descubrir lo nuevo que encuentren en la Palabra de Dios.

Sugerencias para clases y grupos. Si ustedes forman una clase o un grupo, aquí tienen dos sugerencias opcionales para organizar las sesiones.

Para una serie de 10 sesiones: La primera sesión sería una introducción general usando este capítulo. La segunda sesión sería un repaso y se daría tiempo para aclarar cualquier cosa que necesite aclararse. Se dedicarían dos sesiones a cada evangelio. Esto se haría de la siguiente manera:

Primera sesión: Una sesión para la introducción general (este primer capítulo).

Segunda y tercera sesión: El Evangelio de San Marcos (capítulo 1 de este libro).

Cuarta y quinta sesión: El Evangelio de San Mateo (capítulo 2 de este libro).

Sexta y séptima sesión: El Evangelio de San Lucas (capítulo 3 de este libro).

Octava y novena sesión: El Evangelio de San Juan (capítulo 4 de este libro).

Décima sesión: Un repaso de cada evangelio, destacando lo que tuvo más significado para el grupo. Aclaración de puntos que se quieran aclarar un poco más.

Para una serie de 20 sesiones: La primera y la última sesión serán iguales a las de la serie de 10 sesiones. Se dedicarían cuatro o cinco sesiones a cada evangelio, dependiendo del interés del grupo.

Ahora, comencemos a explorar los recuerdos de la comunidad cristiana primitiva con el Evangelio de San Marcos.

Que la pasen bien. . .

1
El Evangelio de San Marcos: Jesús, la Persona

El Evangelio de San Marcos es el más corto. Sin embargo, a muchas personas les gusta por la presentación sencilla y sincera de las acciones de Jesús. San Marcos escribió 16 capítulos y 13½ son dedicados al ministerio público de Jesús. Algunos versículos hablan de Juan el bautizador y de la preparación de Jesús para su vida pública. La Pasión y la Resurrección cubren 2½ capítulos. Si quieres descubrir a Jesús, el hombre activo, lee el Evangelio de San Marcos en una sentada.

Fecha y autor

Generalmente los expertos están de acuerdo en que el Evangelio de San Marcos fue el primero en escribirse. La tradición primitiva, afirmada al principio del siglo segundo, nos dice que el autor fue Juan Marcos, que él no había conocido a Jesús personalmente, pero que era un amigo íntimo de San Pedro. (Puede que él sea el mismo Juan Marcos mencionado en los Hechos de los Apóstoles y en las cartas de San Pablo.) Si Marcos fue un seguidor de San Pedro, entonces él lo oyó hablar de Jesús, lo oyó predicar, y así quizás lo que tenemos son los recuerdos de San Pedro como los recordó San Marcos. San Marcos probablemente escribió su evangelio después de la muerte de Pedro en el año 64 del siglo primero y usó material de otras fuentes también. El de seguro había oído la predicación y los recuerdos de otros cristianos también.

Nadie sabe con seguridad de donde vino San Marcos. Sus nombres (Juan Marcos), uno judío y otro griego, pueden indicar que era un judío que se crió fuera de Palestina. Su evangelio no contiene ningún detalle que indique que Palestina fuera su hogar. El escribe para los gentiles (los no judíos), probablemente los cristianos en Roma. Su historia de Jesús no muestra interés alguno por buscar conexiones con el Antiguo Testamento. Para los gentiles esas conexiones no significaban mucho. San Marcos sí explica algunas cosas que los romanos y otros que no eran judíos no sabían, como la geografía de Palestina (11:1), palabras arameas (5:41 o 10:46), y costumbres judías poco corrientes (7:3-4). Al leer, encontrarás otras explicaciones parecidas a éstas y te ayudarán porque tú tampoco naciste en Palestina en el siglo primero.

Circunstancias y audiencia

Para entender los objetivos de San Marcos al escribir su evangelio, recuerda lo que estaba pasando en la comunidad cristiana durante los años 60 después de Cristo. Primero que nada, Jesús no había vuelto cuando los cristianos esperaban que volviera. Ellos estaban llenos de anticipación, oraban, y habían anhelado su regreso durante toda una generación desde la ascención de Jesús. Ya quedaban muy pocos de los que habían conocido a Jesús durante su vida pública, los que lo habían visto después de su Resurrección. ¿Cuándo volvería Jesús? ¿Vendría de nuevo o no? ¿Cómo podemos entender la demora? Estas eran preguntas difíciles para los nuevos cristianos. Uno de los objetivos de San Marcos es el de aumentar la confianza en la persona de Jesús, el intensificar la fe en Jesús como persona, sin importar la fecha de su regreso. El capítulo que trata de su regreso es el 13. Puede que quieras leerlo y en él encontrarás signos y predicciones, pero nada que se pueda identificar en concreto. La actitud que los seguidores de Jesús deben tomar se ve claramente: estén alertas y no se dejen engañar por falsedades. Esta es una actitud que se debe fomentar hoy día cuando tantas personas tratan de predecir cuando volverá Jesús.

Otro punto en cuestión para los cristianos no judíos era la actitud del gobierno romano para con ellos. En los años 60 del siglo primero las persecuciones aumentaban en algunos lugares, y en Roma, durante el reinado de Nerón, se agravaban más todavía. Entre los mártires de esta época se encontraban San Pedro y probablemente San Pablo. ¿Cómo podrían los cristianos sobrevivir una vida llena de terror? ¿Se mantendrían fieles a Jesús al ser amenazados con torturas? ¿Cómo podrían vivir con el sufrimiento? ¿Cómo podrían enfrentarse a la muerte? Aunque no se perseguía a los cristianos activamente, ellos podían ser castigados por las autoridades. Al reconocer estas circunstancias, San Marcos enfatizó los aspectos de Jesús que le darían valor a sus seguidores.

San Marcos escribió una colección de recuerdos, quizás en su mayoría los de San Pedro. El narra las historias con creatividad, enraizado en la tradición original, pero pensando en la gente que cree en Jesús y que tiene que esperar por él, aun bajo peligro de persecución. ¿Qué dijo San Marcos acerca de Jesús que ayudó a estas personas? ¿Qué nos dice San Marcos que nos puede ayudar a nosotros hoy día?

Jesús, el Hijo del Hombre

San Marcos caracteriza a Jesús desde varios puntos de vista: como el Hijo del Hombre, como obrador de milagros, como el Mesías y el Hijo de Dios. Veamos cada uno de estos aspectos.

En el Evangelio de San Marcos, Jesús se llama a sí mismo el "Hijo del Hombre": Marcos 2:10, 28; 8:31, 38; 9:9, 12, 31; 10:33, 45. En estas declaraciones Jesús parece usar el título de la misma manera que generalmente se usa en el Antiguo Testamento: significa el hijo de un hombre o, simplemente, un ser humano. Más tarde, en el Evangelio de San Marcos (13:26; 14:21, 41, 62), Jesús parece sugerir una significación de más alcance. Ahora Jesús parece hacer referencia al libro de Daniel donde el profeta tiene una visión de maravillas que están por venir. Se puede comparar a Daniel 7:13 con los versículos de San Marcos que mencionamos. El parecido entre los dos parece insinuar lo que Jesús mismo anticipó. Ciertamente sugiere la posición legítima de Jesús que Marcos captó.

San Marcos da a entender la condición elevada de Jesús como el Hijo del Hombre y al mismo tiempo recalca su humanidad. En este evangelio Jesús es caracterizado como una persona agradable, alguien que tiene sentimientos y que hace cosas "humanas." En el primer capítulo, comenzando con el versículo 40, San Marcos muestra que Jesús no cura con indiferencia. El siente compasión por el que sufre, él responde en su interior. Jesús da lo que tiene. También en Marcos 3:1-5, Jesús siente ira y mucha pena por la falta del liderazgo religioso. El no es una persona sin sentimientos, que se mantiene alejado. Es cariñoso, sensitivo y responde con devoción a los que lo rodean.

En San Marcos 4:35-39, Jesús navega con sus amigos pescadores y ellos por poco naufragan en una tormenta. Jesús dormía y esto destaca algo acerca de él. El debe haber estado muy cansado, necesitaba dormir tanto, que ni una tormenta lo despertó. Debe haber sentido mucha paz interior o no hubiera dormido tan profundamente. El dormía sobre un cojín y esto también nos dice algo acerca de Jesús. A él le gustaba estar cómodo igual que nosotros. Podemos acercarnos con-fiadamente a este Jesús.

Descubre otras frases en el evangelio que hablan de la humanidad de Jesús. Puedes subrayarlas o escribir en el margen de tu Biblia tu respuesta a sus sentimientos. ¿Los compartirías? ¿Querrías consolarlo? ¿Aplaudirías a Jesús? Cuando hayas encontrado estos ejemplos, quizás quieras compartirlos con tu familia o con tu clase. Entonces, individualmente o juntos, hagan oración. Jesús todavía vive, es cariñoso y quiere compartir tus sentimientos. Compártelos con él ahora, con sencillez y sinceridad.

A lo largo del Evangelio de San Marcos, el Hijo del Hombre

no sólo es compasivo sino firme y tiene autoridad. Nota la rapidez conque Jesús obra. El quiere resultados y los obtiene. Puedes ver un ejemplo en Marcos 1:29-31. La autoridad de Jesús resalta aun más por sus propias declaraciones y acciones, y por las reacciones de los que lo rodean. Lee Marcos 2:6-12 y 2:23-28.

Lee también Marcos 1:22. ¿Conoces a alguien que habla con autoridad? No hay muchas personas así en el mundo.

Jesús podía hablar con autoridad acerca del Padre y del Reino porque conocía al Padre íntimamente y había vivido en el Reino. Cuando la gente dudó de su autoridad en cuanto al sábado (2:27-28) o a la Ley (7:1-20) o al Templo (11:15-18), Jesús simplemente actuó. Su poder era una demostración de su autoridad.

La cuestión de su autoridad llega a su colmo en Marcos 11:27-33. Los jefes de los sacerdotes del Templo interrogaron a Jesús. Quizás nunca habían conocido a una persona que poseía verdadera autoridad — aunque, por supuesto, su reto nació del caos que Jesús había causado en el Templo (lee Marcos 11:15-16). Así que los sacerdotes le exigieron a Jesús que les dijera con qué autoridad hacía estas cosas. Jesús sabía que esto era una trampa, pero reconoció que la verdadera autoridad da fe de sí misma con el tiempo. La confianza total de Jesús y su serenidad hicieron que no contestara.

Hoy día la autoridad es determinada muchas veces por la situación social de alguien, la ropa que se pone o si lleva un arma. Se puede dar autoridad a personas que están por debajo de uno y se puede conseguir autoridad por medio de la violencia. Pero la autoridad de Jesús era totalmente diferente. Era autoridad personal. Las personas que la reconocieron primero no sabían verdaderamente quien era él. No era posible que pensaran "El es Dios, por lo tanto tiene autoridad." Al contrario, el reconocer esta autoridad las llevó a creer que Jesús era completamente humano y a la misma vez, algo más que sólo humano.

Jesús, el obrador de milagros

Otro aspecto espectacular de Jesús que se destaca en el Evangelio de San Marcos es el de los milagros que obró. El evangelio parece ir de un evento asombroso a otro.

Quizás quieras echarle otro vistazo al evangelio para determinar cuánto del mismo se dedica a reportar los milagros de Jesús. ¿La mitad? ¿Dos terceras partes? San Marcos pone en un plano secundario las enseñanzas de Jesús. ¿Qué trata de decir al enfatizar el poder de Jesús? Ciertamente, que él tenía autoridad. Que él pudo *hacer* lo que era necesario por la gente. Y San Marcos dice aun más. El dice: Miren a esta *Persona.* No es ni una visión ni un mito. Es una persona que actúa de cierta manera y tiene una personalidad que se puede describir. San Marcos insiste, *¡Miren a Jesús!* Sus milagros son verdaderamente obras de compasión y demostraciones de poder, pero también son para que realmente *veas* a Jesús. Ahonda para averiguar quien es él. Entonces, comparte tu fe en él y tu compromiso con él. Esto es algo que San Marcos quiere.

Jesús, el Mesías

Por supuesto, un compromiso total sólo se puede hacer con Dios y no con una persona que solamente es humana. San Marcos no ignora la relación entre Jesús y Dios Padre. San Marcos nunca llama a Jesús "Dios" directamente. El lo llama el "Mesías" solamente tres veces. La venida de un mesías (el ungido) era un concepto estrictamente judío. Para los judíos, el concepto incluía muchas esperanzas: la historia terminaría con la intervención directa de Dios quien enviaría al Ungido a gobernar el mundo en el futuro. Israel se convertiría en el centro de una era nueva, y el Ungido sería de ellos. Las naciones vendrían a Jerusalén motivadas por el deseo de conocer al Dios de Israel. Israel tendría poder político (algo natural después de siglos de haber sido dominado por otras naciones). Ninguna de estas ilusiones tenía significado para la gente que no era judía, así que un evangelio escrito para esta gente no las recalca. En las tres ocasiones en que San Marcos llama a Jesús el Mesías, dos eran completamente judías: cuando Pedro le dice a Jesús quien él cree que Jesús es (8:27-29) y durante el juicio de Jesús cuando él estaba frente al jefe de los sacerdotes (14:61-62).

El concepto judío del Mesías no es parte principal del Evangelio de Marcos, sólo es parte del fondo para comprenderlo mejor. Esto se ve en lo que los expertos llaman el "secreto mesiánico." En este evangelio, Jesús les dice repetidas veces a los que se han beneficiado por sus milagros, a los espíritus malignos y aun a sus seguidores que no le digan a nadie quien es él. Lee Marcos 7:36 para ver un ejemplo de esto.

¿Por qué era que Jesús no quería que la gente supiera quien era él? La respuesta puede que se relacione con la esperanza de los judíos de tener un líder político poderoso. Jesús rechazó esta imagen y no era su intención que la gente lo obligara a ser lo que él no quería ser. Su método era diferente. Cuando San Pedro protestó al Jesús predecir su sufrimiento, Jesús lo regañó con severidad (8:31-33). Después de esto, Jesús siempre insiste en que las personas no hablen de él antes de tiempo. Jesús en realidad está protegiendo a su pueblo (y también a sí mismo y a su misión) de esperanzas falsas.

Jesús, el Hijo de Dios

La relación de Jesús con su Padre se expresa en este evangelio con la frase "Hijo de Dios" o el "Santo de Dios." (Lee Marcos 1:1, 11, 24; 3:11; 5:7; 9:7; 14:61-62; 15:39.) Este título tenía significado en las ideas religiosas griegas o de pueblos que tenían influencia griega. Muchos sistemas religiosos del mundo griego y romano creían en que una derivación de la divinidad tomaría la forma humana por un tiempo y se le llamaría hijo de dios. Pero Jesús no era una derivación de la divinidad y su humanidad no era algo pasajero. San Marcos aclara esto muy bien por medio de la autoridad de Jesús y por medio de sus sentimientos humanos. Además, al llamarlo Hijo de Dios, Marcos también llama la atención al sufrimiento de Jesús. Esta no era la idea griega de la divinidad. Y tampoco era la idea judía del Mesías. San Marcos insiste en que la naturaleza de Jesús como Hijo de Dios se puede ver en su sufrimiento y su Resurrección. En este Hijo de Dios que sufre, los cristianos encontraron y todavía encuentran la fuerza para enfrentarse a las injusticias y la persecución.

Durante su vida pública, Jesús predice y trata de explicarles a sus seguidores que va a sufrir. Ellos, o rechazan esta revelación, como lo hizo Pedro, o no la entienden. Lee Marcos 9:31-32. Jesús pasa por momentos dolorosos durante su vida pública. Lee Marcos 6:5-6; 8:14-21. Pero, por supuesto, su sufrimiento más profundo fue el que padeció antes de su muerte. Lo que le interesa a San Marcos, comenzando con 14:32, es la agonía de Jesús. Lee de nuevo esta descripción de la pasión. Ten cuidado de no añadirle ningún conocimiento previo. Lee sólo lo que San Marcos escribe. Fíjate en el movimiento constante, la intensidad de las pocas palabras que Jesús dice, la terrible injusticia que fue su juicio, y su calma bajo los ataques que sufrió, los insultos que duraron hasta el final. Y antes de su muerte, fíjate que sufrió la mayor angustia que un ser humano puede sufrir — el sentir que hasta su Padre lo había abandonado. San Marcos narra la pasión con severidad, sin afectaciones y con pocas explicaciones. El deja que nuestros corazones se pregunten, ¿qué significó todo esto para Jesús?

La narración de San Marcos de la Resurrección es corta y se concentra en su mayor parte en las repuestas y los apostolados de los seguidores de Jesús. ¿Creyó Marcos que con sólo mencionar el hecho de que Jesús resucitó era suficiente? ¿O se ha perdido alguna parte del evangelio? No se sabe. Pero hay que agradecerle a San Marcos la imagen poderosa y reveladora que da de Jesús, el Hijo del Hombre.

Orando con San Marcos

Puesto que San Marcos ofrece a la persona de Jesús, la oración basada en el Evangelio de San Marcos debe seguir ese tema. Es evidente que San Marcos gozó escribiendo acerca de Jesús. Su amor por Jesús salta a la vista con los detalles que él usó. Si observas esos detalles con amor, te encontrarás con Jesús. Eso es oración.

Para comenzar, simplemente contempla a Jesús. Usa tu pasaje favorito del evangelio. Uno que puede convertirse en uno de tus favoritos puede ser el de Jesús con los niños (9:36 y 10:13-16). ¿Qué puede ser más agradable que ver a un hombre que demuestra su ternura a los niños? Jesús toma a los niños en sus brazos, los toca, los bendice. ¿Lo puedes ver acariciándolos? ¿Puedes ver la alegría que él siente al ver sus caritas? ¿No se reiría al ver los juegos de estos niños o su timidez? ¿No es Jesús la clase de persona que desearías tener cerca? Si quieres invitarlo a acercarse a ti, ya estás haciendo oración.

Es maravilloso darse cuenta de que todo lo que Jesús era en su época está a nuestra disposición en el Cristo resucitado. Hoy día tenemos más de lo que tenían los apóstoles porque entendemos mejor quien es Jesús. Pero muchas personas se han concentrado tanto en la divinidad de Jesús, que no ven su humanidad. El leer y orar con San Marcos puede balancear esto. La humanidad de Jesús es lo que inspira devoción y ternura en los humanos.

Así que medita las historias de la vida pública de Jesús en este evangelio y deléitate con Jesús. Escoge tu pasaje favorito y léelo una y otra vez, despacio y con sentimiento. Trata de formar imágenes en tu mente. Pregúntate: ¿Cómo luce Jesús? ¿Cómo es su ropa? ¿Cuáles son sus gestos y expresiones? ¿Cómo es su voz? ¿Dónde toma lugar esta escena, en un pueblito? ¿Cómo luce el lugar, hay árboles, lomas, quizás algunas ovejas? ¿Es un día nublado, con sol, se siente la brisa?

Ahora, colócate dentro de la escena. Acércate a Jesús lo suficiente para verlo bien. Obsérvalo igual que observas a una persona que te llama la atención. Imagínate que haces algo por él — le das agua o le hablas. ¿Cómo te responde él? ¿Te gusta lo que te dice? ¿Te gusta él como persona? ¿Te llega a lo más hondo de tu corazón? Y si sientes el deseo de darle un abrazo, hazlo. Entonces ponte cómodo/a y goza de su cercanía — la cercanía de una persona a quien amas y te ama a ti. Alégrate al compartir un momento de gozo con él. El se alegrará de compartirlo contigo también. Si crees que todo esto es producto de tu imaginación, estás equivocado/a. En un momento dado Jesús ha llegado a tu corazón y los dos pueden ser uno.

El crear un diálogo con Jesús es otro método de hacer oración con San Marcos. Quizás quieras escoger la historia que se encuentra en 10:17-31 en la cual Jesús está conversando. Entra en el grupo y pregunta lo que te venga a la mente. Participa y háblale directamente a Jesús. Observa como te mira y te contesta. Escucha lo que te dice y vuelve a hablarle. Escucha otra vez. Deja que el diálogo continúe y recuerda que el Jesús del Evangelio de Marcos es humano, sensitivo y te corresponde. Puede que te sea difícil hacer esto mentalmente y que prefieras tener un diálogo por escrito. Si escribes, hazlo con comodidad y sigue los pasos que se usan para el diálogo mental. Puede que hables con Jesús de tus problemas actuales. Dale importancia a lo que te dice y puede ser que él te dé una sorpresa.

Estos métodos sencillos de oración pueden convertirse en experiencias profundas y de mucho valor. Te pueden revelar a Jesús y a tu propio yo. Y lo mejor de todo, Jesús se convertirá más y más en una persona real para ti, igual que lo era para San Marcos y para los primeros cristianos.

Preguntas para contestar

Nota: Al contestar las preguntas de este capítulo y de los siguientes, sé específico/a. *Apunta las referencias que usaste para contestarlas.* No contestes usando sólo los "sentimientos" que ya tienes por Jesús. Haz que tus contestaciones salgan del evangelio. Si contestas de esta manera, se te aclarará lo que piensas y también tu conocimiento del mismo evangelio.

Si formas parte de un grupo, usa las preguntas para discutirlas. Debe haber tiempo suficiente para buscar las referencias (el grupo completo) que cada individuo encontró. Si cada persona tiene su propia Biblia (y esto sería lo ideal), *nadie debe vacilar en escribir en ella.* Nadie puede acordarse de todo lo que ha leído, así que por eso se deben escribir las respuestas y las reacciones en el margen de las páginas de la Biblia.

1. ¿Qué clase de hombre era Jesús? Escribe 15 palabras que lo describen y comparte tus ideas.

2. ¿Cómo reaccionó la gente ante las palabras y las acciones de Jesús?

3. ¿Cómo reaccionaron los líderes judíos ante Jesús? ¿Tenían razones para tales reacciones?

4. ¿Puedes encontrar algunos detalles en este evangelio de la vida diaria de Jesús? ¿Cómo pasaba el tiempo? ¿Qué hacía? Busca estos detalles.

5. Al leer a San Marcos observa como progresa el conflicto que termina con la muerte de Jesús. ¿Puedes resumirlo en tus propias palabras?

6. ¿Cómo sana Jesús? ¿Impone algunas condiciones al hacerlo? ¿Qué lo impulsa a sanar? ¿Le dice que no a alguien?

Sugerencias para familias

Usen cualquiera de las sugerencias que encuentren en este capítulo, incluyendo las que se encuentran en la próxima sección "Sugerencias para sesiones."

Los niños tienen mucha imaginación. Cuando se concentren en una historia en particular, pídanle a los niños que describan los detalles — ¿cómo es el lugar? ¿qué ven? Cada niño puede añadir lo que él/ella ve en su imaginación. Cuando llegue el momento de orar en familia, usen las ideas que los niños dieron.

Si quieren, como una actividad en familia, pueden buscar el significado (en un diccionario corriente y en uno de la Biblia) de algunas palabras como *autoridad, Mesías, milagro.* Estas palabras, ¿tienen el mismo significado hoy día que en la época de Jesús?

Aquí tienen algunas preguntas que pueden usar para discutir en familia. Basen sus repuestas en el Evangelio de San Marcos.

●¿Cómo era Jesús cuando vivió en este mundo? ¿Si tú hubieras estado con Jesús en aquel entonces, te hubiera caído bien? ¿Por qué?

●¿Es Jesús igual hoy que como era entonces? Si contestas que sí, ¿cómo es igual? ¿Es Jesús diferente? ¿De qué manera?

Tengan un diálogo en familia. Primero, escojan una situación. Por ejemplo: ¿Qué pasaría si Jesús viniera a comer aquí en casa? O: ¿Qué pasaría si Jesús fuera de paseo con nosotros un día? Ahora compartan en voz alta, juntos, lo que Jesús haría y diría, lo que ustedes harían y dirían. Hagan esto detalladamente y gozen de su compañía.

Sugerencias para sesiones

Si usas este libro para una serie de 10 sesiones, aquí tienes unas sugerencias para las dos sesiones del Evangelio de San Marcos.

Primera sesión: Primero, el grupo lee el evangelio completo una vez. Entonces lee este capítulo del libro y cada persona vuelve al evangelio para leer las referencias que se mencionan. El leer partes del evangelio dos veces le darán al grupo un conocimiento de San Marcos y una idea general de Jesús. (La lectura debe limitarse a cierto tiempo para que no tome demasiado tiempo hacerla.) Ahora, en privado, que cada miembro del grupo haga oración siguiendo las sugerencias de la sección "Orando con San Marcos." Y por último, la parte central de la sesión, que cada persona comparta sus reacciones y su experiencia de oración.

Segunda sesión: El grupo se concentrará en contestar las seis preguntas de la sección "Preguntas para contestar." Después de contestarlas, el grupo hará oración como se sugiere en la sección "Orando con San Marcos" y compartirá esta experiencia.

Si usas este libro para una serie de 20 sesiones, aquí tienes unas sugerencias que puedes seguir:

Primera sesión: El grupo lee el Evangelio de San Marcos para adquirir conocimiento y una idea general de Jesús. Después, cada miembro comparte sus reacciones y contesta la primera pregunta en la sección "Preguntas para contestar."

Segunda sesión: El grupo lee este capítulo del libro y las referencias que se dan al evangelio. Se repasan las ideas principales y se contestan las preguntas que surgen del grupo.

Tercera sesión: Se lee el Evangelio de San Marcos otra vez y se hace oración como se sugiere en "Orando con San Marcos." Los miembros del grupo comparten sus reacciones y experiencias con la oración.

Cuarta sesión: Se lee el evangelio por tercera vez y se contestan las preguntas 2-6. Se pueden formar cuatro grupitos pequeños y cada uno contesta una pregunta diferente. Después se comparten las contestaciones con todo el grupo. Estó llevará a la discusión.

Procedan con alegría, anticipando la aventura y el gozo que San Marcos mismo experimentó en su amor por Jesús. ¡Diviértanse!

2
El Evangelio de San Mateo: Las Enseñanzas de Jesús

El Evangelio de San Mateo, al igual que el de San Marcos se concentra en Jesús, pero los objetivos de San Mateo provienen de diferentes puntos de vista y reflejan tanto su teología propia como su época y su comunidad.

El autor del evangelio debe haber sido un hombre muy interesante. No sabemos nada en definitivo acerca de él, pero los expertos se imaginan, por lo cuidadosamente que el evangelio está escrito, que era un maestro de religión judío que se convirtió al cristianismo.

Fecha, autor, circunstancias y audiencia

Se ha discutido mucho el punto de cuándo fue escrito este evangelio. Mateo usó el material de Marcos al igual que otros materiales y tradiciones. La fecha, por lo tanto, sería después de los años 60 del siglo primero. Mateo también menciona algunas circunstancias que existieron en la comunidad cristiana después de los años 70. Basándose en estos hechos, los expertos hoy día están de acuerdo en que este evangelio fue escrito a principios de los años 80.

Para comprender mejor el propósito de Mateo, se debe considerar lo que pasaba en los años 80. Jesús había estado ausente 50 años. Los cristianos eran judíos y no judíos. Los testigos oculares de la vida de Jesús ya habían muerto (posiblemente sólo quedaba Juan, el hijo de Zebedeo). La comunidad cristiana todavía esperaba ansiosamente el regreso de Jesús. Los cristianos ya habían sufrido persecuciones bajo los emperadores romanos.

Mientras tanto, las relaciones entre los romanos y los judíos iban empeorando. A fines de los años 60, el deseo de los judíos de liberarse del yugo romano se convirtió en una revolución armada. Roma perdió la paciencia y destruyó la nación judía. En el año 70 del siglo primero el Templo fue quemado y Jerusalén se convirtió en ruinas. Los líderes judíos, al enfrentarse a estos desastres, se reunieron para recobrar las fuerzas espirituales y para que el judaísmo sobreviviera. La comunidad cristiana crecía en poder y fuerza y la religión judía se sintió amenazada. Los judíos cristianos fueron expulsados de las sinagogas — el resultado del conflicto que había existido por mucho tiempo entre los judíos que aceptaban a Cristo y los que no lo aceptaban.

Mateo, un judío que se convirtió al cristianismo, escribe especialmente para estos judíos cristianos. El quiere establecer la autoridad de Jesús como el Mesías de Dios y la comunidad cristiana como el verdadero Israel, portador de la autoridad de Jesús. Mateo traza un paralelo entre Jesús y la nueva Alianza y Moisés y la antigua Alianza. Igual que Moisés había dado las instrucciones que venían de Dios, Jesús ahora hace lo mismo. Jesús completa y va más allá de lo que Dios había hecho antes. Lee Mateo 5:17-20; 11:28 y 12:2.

Mateo quiere darle a la comunidad cristiana tierra firme para la fe y al mismo tiempo convencer a otros judíos que lo que Jesús enseña es lo verdadero. Así que Mateo le da mucha importancia a las enseñanzas de Jesús — lo que Jesús enseña acerca de Dios, de la Ley, de como se debería vivir. El organiza las enseñanzas en discursos precedidos por cuentos. Cada discurso tiene un tema principal.

El nuevo modo de vivir de Jesús:
El Sermón de la Montaña

La primera colección de enseñanzas (capítulos 1-4) establece la importancia y autoridad de Jesús: su descendencia de David (1:1-18) y de Dios (1:18+), su paralelo con Moisés

(2:13-23); el testimonio de Juan de que Jesús era el que "viene después de mí" (capítulo 3); los cimientos del ministerio de Jesús (4:1-17); los comienzos de su "institución" (4:18-22); y un resumen de sus obras al principio de su misión (4:23-26). Sobre esta base Mateo presenta el primer discurso, el imponente Sermón de la Montaña (las bienaventuranzas).

Es probable que el Sermón de la Montaña no fuera pronunciado exactamente como lo escribió Mateo. Jesús era un maestro muy bueno y él no iba a resumir sus enseñanzas fundamentales en un solo sermón tan corto. Este sermón es muy conocido, pero si se escuchara por primera vez, no se podría entender ni digerir por completo con oírlo una sola vez. Así que Mateo hace un resumen de las enseñanzas fundamentales para que se puedan meditar una y otra vez.

Las enseñanzas de Jesús indican como se debe vivir en su Reino. La cualidad más predominante de esta vida en el Reino, de acuerdo a Jesús, es la alegría — esto es lo que significa la palabra "felices." Medita esto.

Jesús menciona como se encontrará la felicidad en el Reino (5:3-11). Se puede comparar lo que se expone aquí con la antigua Alianza del Antiguo Testamento (los mandamientos). Jesús no quiere destruir la antigua Ley sino completarla. El respeta la antigua Alianza, pero indica que eso no es todo y que él ha venido a dar lo que falta.

La actitud de Jesús y la nuestra

Jesús revela lo que falta al insistir en que lo visible no es lo que más importa, aunque tiene importancia. Más bien, lo que no se ve, lo interior, es de *suprema* importancia. Esto nos puede resultar difícil de entender, probablemente tan difícil como lo fue para los que escuchaban a Jesús. Cuántas veces no decimos algo parecido a, "Estaba tan furioso/a que me hervía la sangre, pero claro, no cometí ninguna locura." Esto es parte de la mentalidad de la Ley antigua. Jesús, en cambio, nos dice que tenemos que profundizar más — lo interior es lo que cuenta.

¿Nos pide Jesús un imposible? No. El simplemente nos dice, "Si quieren vivir con alegría en mi Reino, esto es lo que tienen que hacer." Asegura que nos dará su ayuda para lograrlo, pero debemos tener un verdadero deseo también. Debemos hacer oración para pedir que el Reino sea una realidad y aprender como conseguir esto.

El Reino, dice Jesús, será una realidad cuando haya:
(1) reconciliación en vez de enojo y disgusto (5:21-26);
(2) desprecio por el pecado (5:27-30);
(3) un compromiso al matrimonio (5:31-32);
(4) honestidad y franqueza (5:33-37);
(5) generosidad sin importar las circunstancias (5:38-42);
(6) amor por todos, sin importar lo que hagan (5:43-47);
(7) silencio al hacer el bien (6:1-8).

Quizás Mateo sospecha que este reto tan intenso puede ser desalentador. Por eso es que repite lo que Jesús dice sobre la pureza de intención, de tener una sola meta y un solo patrón. Jesús insiste en que tenemos que arreglar nuestra vida de acuerdo a las cosas que son esenciales y no de acuerdo a las cosas de este mundo que no lo son. El insiste en que hay que hacer una cosa: vivir en el Reino de la alegría (6:19-24).

Pero, ¿cómo haremos esto? Nos rodean las cosas de este mundo. Jesús dice que lo haremos confiando en el Padre (6:25-34). Esta confianza no es algo abstracto sino algo que se relaciona con cosas básicas como la comida y la ropa. El Padre se ocupará de estas cosas si la intención que tenemos es la de vivir en el Reino y confiar en él. ¿Podríamos imaginarnos una vida mejor que ésta?

Jesús también nos dice que en el Reino, en lo tocante al mundo del espíritu, recibiremos lo que demos (7:1-5, 11). Si necesitamos ayuda para ser más generosos, o para figurar entre los bienaventurados, lo único que tenemos que hacer es pedirla (7:7-11). Por último, Jesús nos advierte que esto no es cosa fácil y que tenemos que ser completamente sinceros con el Padre (7:13-27).

El comportamiento de Jesús y el nuestro

Naturalmente, si nuestras actitudes se transforman en las del Reino, nuestro comportamiento también se transformará. Asimismo, no podemos forzar un cambio en nuestro comportamiento sin dejar que Jesús cambie nuestras actitudes. Lee de nuevo estos pasajes y fíjate en el cambio que viene al cambiar las actitudes: 5:23-26, 34, 37, 39-42, 44-46; 6:14-15; 7:1, 12.

Los capítulos 8-10 contienen el próximo discurso. En los capítulos 8 y 9, Mateo relata historia tras historia de la habilidad de Jesús de curar, calmar, de no prestar atención a los prejuicios sociales, de devolver la vida. El demuestra su autoridad y su poder. En el capítulo 10, Jesús le da ese poder a sus apóstoles y les indica como deben usarlo.

Estas instrucciones que Jesús les dio a sus primeros misioneros eran para una misión corta más que para una evangelización de 2,000 años. Sin embargo, entre ellas encontramos fundamentos que aumentarían la fuerza del testimonio del cristiano hoy día. Uno de estos es la actitud de confianza que se mencionó antes. Los testigos de Jesús deben confiar en que sus necesidades materiales van a ser satisfechas (10:9-10), que en momentos difíciles recibirán la inspiración para decir lo correcto (10:19-20) y que el Padre dará su protección (10:29-31). Los testigos también encontrarán dificultades porque Jesús no les prometió una vida fácil.

¡El Reino ofrece libertad! Ofrece la libertad para compartir al mismo Jesús, para actuar sin temor, para vivir con seguridad. Por unos momentos, piensa en una ocasión cuando te sentiste liberado/a. Da rienda suelta a este sentimiento y deja que te llene en tu interior. Como un testigo acude a Jesús con confianza. Profundiza junto con él en lo que la libertad puede significar en tu vida. ¿No es atractiva?

El significado del Reino

En la próxima sección de Mateo, en los capítulos 11-13, Jesús describe el Reino de Dios. La clave para entender estos capítulos es la pregunta que Juan el bautizador le hizo a Jesús en Mateo 11:2-3. Jesús no contesta directamente sino que señala los resultados de sus acciones. Luego muestra que su autoridad y lo que hace eran una sola cosa (capítulo 12) y hace una distinción entre el reino del mal y su propio Reino (12:22-45).

En el capítulo 13, Jesús explica en parábolas (comparaciones) la naturaleza del Reino. Las parábolas no son siempre fáciles de entender porque uno puede encontrar varios significados en cada una. Jesús probablemente usaba las parábolas para expresar una sola idea, aunque otras ideas de menor importancia también pueden ser provechosas. Considera una idea de cada parábola:

Mateo 13:4-23: El Reino se le ofrece a todos, pero sólo echa raíces, crece y da frutos en unos pocos.

Mateo 13:24-30, 36-43: Aun en el Reino, mientras el mundo exista, existirán personas buenas y malas. Sólo Dios las separará.

Mateo 13:31-35: El Reino comienza de manera casi invisible, pero con el tiempo afectará a toda persona viviente.

Mateo 13:44-46: La vida en el Reino no tiene precio. Aun cuando alguien lo sacrifica todo para ganar el Reino, sólo está demostrando su inteligencia.

Los capítulos 14-18 presentan una discusión que es un reto porque dice como se vive el Reino en la comunidad cristiana. En estas historias Jesús muestra su compasión y lo efectiva que es (14:13-21; 15:21-39). El necesita estar solo para hacer oración (14:13, 22, 23). A él le pertenecen el poder y la autoridad (15:1-20). La caminata de Pedro sobre las aguas del lago explica la dependencia en Jesús que es la fe (14:22-31). El capítulo 16, versículos 13-28 impulsa a los cristianos a dedicarse únicamente a Jesús, el Mesías, cuyo proceder no siempre es obvio para los humanos. Esta serie de discursos culmina con la transfiguración de Jesús (17:1-8) y con la inhabilidad de los apóstoles de sanar a un niño epiléptico (17:14-20). Ellos no confiaban lo suficiente todavía en el Padre o en Jesús mismo y Jesús los regaña por eso.

Y ahora viene la pregunta importante: ¿Quién es el más grande en el Reino? La respuesta se ha oído un millón de veces. Trata de leer el capítulo 18 como si fuera algo nuevo para ti. Aquí se encuentran guías para vivir en la comunidad cristiana: piensa en como sería tu vida si las tomaras en serio. Piensa siempre en Mateo 16:24-26.

El más grande en el Reino es el que más depende del Padre (18:1-7, 10). Para depender de Dios no debes ceder ante la autosuficiencia (18:8-9). Debes estar libre de todo desprecio, sin importarte cómo son los demás (18:10-14) porque el Padre ama a todos por igual. No debe haber entre los cristianos rencor, discordia o falta de reconciliación. Mateo sugiere cómo remediar estas situaciones (18:15-17). Fíjate que a una persona que siempre se queja y se enoja por nada se le trata como se trata a un cobrador de impuestos. ¿Cómo trataba Jesús a los cobradores de impuestos? Jesús no los margina, al contrario, los ama de corazón.

Pedro entiende la ley del perdón de Jesús hasta cierto punto. La ley antigua decía que una persona tenía que perdonar cuatro veces a alguien que le ofendiera. San Pedro reconoce que se necesita ser generoso/a y pide que se perdone a alguien siete veces (18:22). Pero Jesús va aun más lejos y dice que el perdón no tiene límites, ni por el número de ofensas ni por la gravedad de ellas. Para los que encuentran difícil perdonar, la historia del empleado que no perdonó a su compañero asegura que Dios no le pide a nadie que perdone más de lo que él ha perdonado.

En los capítulos 19-22, Mateo llena cada historia de enseñanzas como si quisiera completarlas rápidamente. En los capítulos 23-25 se encuentran los discursos de Jesús que contienen la explicación de lo que es la vida en el Reino, sus comienzos y su destino. El afirma que el Reino es de los que se asemejan a los niños (19:13-16). Las riquezas a veces son un obstáculo para entrar al Reino y esto asombra a sus seguidores (19:16-30). En el capítulo 21, Jesús afirma otra vez su autoridad sobre las instituciones y el liderazgo judío. El se enfrenta a trampas que le tienden, hasta que él prueba que es demasiado listo para caer en ellas (22:46) y nadie más le hace preguntas.

En el capítulo 23, Jesús demuestra lo diferentes que son las actitudes de los fariseos y lo que él ha dicho acerca del Reino. En el capítulo 24, Jesús les advierte a sus discípulos que se mantengan alertas y tengan paciencia porque van a pasar por días de angustia. En el capítulo 25 hay dos parábolas que señalan que vendrán pruebas y que si confiamos en Dios y en nosotros mismos, entonces tendremos éxito. En el capítulo 25, versículos 31-46, se repite lo que se dijo en 12:50. Jesús anima a sus apóstoles a que estén alertas, que confíen y que hagan la voluntad del Padre. Entonces estarán con él y tomarán posesión del Reino.

Los tres últimos capítulos (26-28) narran el sufrimiento, las crucifixión, la muerte y la Resurrección de Jesús. Uno puede leer estos capítulos teniendo en mente lo que Jesús ha enseñado. Compara su enseñanza con sus actitudes y su comportamiento durante su pasión. ¿Vive lo que ha predicado? Descubre por ti mismo/a si no es así al revisar sus enseñanzas. ¿No están de acuerdo con sus acciones en los capítulos 26-28?

En cuanto a la alegría que existe en el Reino, ¿no es la Resurrección la culminación de esa alegría? Si has conocido a Jesús, aunque sea sólo un poco más, ¿qué más puedes desear que Mateo 28:20?

Orando con San Mateo

La oración con San Mateo se basa en el contacto personal con Jesús. La clave para esta clase de oración se da en 5:6 y 7:7-8: tener hambre y sed de justicia y la petición constante.

Comienza con la petición y con actitudes interiores. Ten la clase de confianza que se menciona en Mateo 6:25-34. Entonces sentirás más libertad para pedir, buscar y rogarle a Jesús que obre en ti.

Comienza con las actitudes interiores. Sólo te haces daño cuando tratas de hacer el bien y al mismo tiempo tratas de mantener actitudes que no están de acuerdo con las de Jesús. Por ejemplo, si das una limosna por orgullo, entonces creas un conflicto interior. Le estás mintiendo a Jesús. Estás fabricando una viga que no deja que tus ojos vean la verdad.

Le puedes pedir a Jesús que te ayude con actitudes como ésta al meditar los capítulos 5-7; 10, 13, 18; 23-25 de San Mateo. No examines tu conciencia como acostumbras. Relájate y estate alerta a lo que Jesús le dice a tu corazón. Deja que él te diga donde debes empezar. Depende de él como un niño que no puede hacer las cosas solo. Dile, "Jesús, no puedo hacer esto. Por favor, ayúdame tú." Entonces espera en silencio. El obra aunque no sientas nada.

No trates de enmendar un montón de actitudes en un solo período de oración. Concéntrate en una sola actitud a la vez. Para fortalecer tu desarrollo espiritual puedes encontrar varios pasajes en Mateo que se relacionan con el mismo tema, o puedes concentrarte en uno solo. *Lo esencial es que le pidas a Jesús que cambie tus actitudes y que te relajes.* No te acuses ni te desesperes porque tú solo/a no puedes hacer nada. Cambia y vuelve a ser como niño/a. Deja que Jesús sea el que obre. Y cuando descubras algo en ti que consideras horrible (y esto sólo pasará cuando Jesús crea que estás listo/a para el descubrimiento), recuerda que Jesús sabía esto desde siempre y que te ama muchísimo.

El segundo tipo de oración es la oración de acción. Con este tipo de oración se corre un riesgo porque se puede obrar "correctamente" y sin embargo ser falsos a la misma vez. Este era el problema de los fariseos — obraban sin respaldar las acciones con un compromiso.

Sin embargo, este tipo de oración puede ser provechoso porque te convierte en seguidor/a de Jesús. Lo sigues como un niño que está aprendiendo a caminar. No tienes que tratar de ser perfecto/a. Lo único que tienes que hacer es dejar que Jesús te muestre el camino que debes seguir. Por ejemplo, medita el capítulo 7, versículos 1-2. El no juzgar a los demás es una de las cosas más difíciles en la vida. Y es oración.

Busca en otros lugares del evangelio y encontrarás otras oportunidades de practicar este tipo de oración. A veces encontrarás que se te dice lo que no debes hacer y otras oportunidades, quizás las más difíciles, te dicen lo que *debes* hacer, como Mateo 5:23-24 o 6:3-4. Poco a poco descubrirás la alegría del Reino y cuando esto suceda, considérate dichoso/a.

Preguntas para contestar

Nota: Acuérdate de lo que leíste al comenzar esta sección al final del capítulo sobre San Marcos. Si no lo recuerdas, vuelve y léelo otra vez antes de comenzar ésta.

1. ¿Cambiaron la antigua Ley las enseñanzas de Jesús? Si contestas que sí, ¿cómo fue esto?

2. Mateo llama a Jesús el Mesías. ¿Qué significa este título en este evangelio?

3. ¿Crees que las enseñanzas de Jesús son prácticas? Da tus razones.

4. ¿Qué instrucciones da Jesús sobre la oración?

5. ¿Qué entiendes tú por "Reino" después de estudiar este capítulo?

Sugerencias para familias

Usen cualquiera de las sugerencias que encuentren en este capítulo.

En Mateo encuentran muchas frases cortas que expresan enseñanzas importantísimas. Escojan una o dos y después de meditarlas por unos minutos (no más de 15), cada miembro de la familia puede expresar lo que esta enseñanza significa en su vida. Los capítulos 5, 6 y 7 contienen muchas de estas enseñanzas.

Como familia, pueden escoger una de estas enseñanzas y tratar de vivirla de verdad durante la semana. A la hora de la comida, cuando hagan oración antes o después de comer, pueden dedicar unos minutos a expresar como la están viviendo. Por ejemplo, pueden contestar algunas de estas preguntas: ¿Es difícil para mí vivir esta enseñanza? ¿Es fácil? ¿Me puede ayudar (o puedo yo ayudar a) alguien a vivirla mejor?

Cuando hagan esto, acuérdense de lo que Jesús dijo en Mateo 7:1.

Puede que esta actividad se convierta en una ocasión para pedirle a Jesús que ayude a la familia con los problemas que vienen a diario. Cada miembro puede pedirle a Jesús por algo en nombre de la familia — más generosidad, menos egoísmo, más alegría, comprensión, amor.

Sugerencias para sesiones

Si usas este libro para una serie de 10 sesiones, aquí tienes unas sugerencias para las dos sesiones del Evangelio de San Mateo.

Primera sesión: Usa el material de este capítulo, *concentrándote en los pasajes de San Mateo que fueron mencionados.* Puesto que se mencionaron tantos, divide al grupo en grupitos pequeños y divide los pasajes para que cada grupito tenga una sección.

Después de la primera sesión y antes de la segunda: Que cada persona lea el evangelio completo en privado y que use este libro como guía.

Segunda sesión: Concéntrate en la *oración* con Mateo. Que cada persona escoja un pasaje y haga oración de acción. (Se dieron ejemplos en este capítulo.) Después que cada miembro haya hecho esto, se da tiempo para que cada uno comparta con el grupo.

Si usas este libro para una serie de 20 sesiones, aquí tienes unas sugerencias para las cuatro sesiones del Evangelio de San Mateo.

Primera sesión: Los miembros del grupo leen el evangelio completo, usando este libro como guía. Anotan en sus Biblias la idea principal de cada sección de este capítulo. También deben discutir el Sermón de la Montaña.

Segunda sesión: Se repasa el evangelio al leerlo por segunda vez. Se leen y se discuten las preguntas 1-3.

Tercera sesión: Se leen los discursos que fueron sugeridos en las sección "Orando con San Mateo." Los miembros del grupo deben experimentar con la oración diaria para obtener las actitudes propias del Reino. Después comparten las experiencias con el grupo.

Cuarta sesión: Cada miembro escoge una o dos posibilidades para practicar la oración de acción y experimentar con ella. Se dieron algunos ejemplos en la sección "Orando con San Mateo." Vuelven a leer los discursos y entonces discuten las preguntas 4-6.

3
El Evangelio de San Lucas: La Misión de Jesús y su Espíritu Santo

El Evangelio de San Lucas es considerado el evangelio de los pobres, "de las mujeres," de la misericordia. San Lucas destacó la ternura de Jesús que llega hasta nosotros hoy día.

Autor y fecha

San Lucas no era judío y no llegó a conocer a Jesús personalmente. Era médico y se convirtió a la fe cristiana, pero no se sabe cuando. El acompañó a San Pablo en algunos de sus viajes (vean los Hechos de los Apóstoles 16:10-17; 20:5-21; 18; 27:1-28:16), y San Pablo le agradeció su presencia cuando Pablo estuvo en la prisión en Roma. (Vean la Epístola a los Colosenses 4:14 y el versículo 24 de Filemón.) También se cree que Lucas conoció a San Juan y a María, la madre de Jesus. Así que San Lucas tuvo la oportunidad de oír la predicación y los recuerdos de los seguidores de Jesús.

San Lucas escribió también los Hechos de los Apóstoles y probablemente escribió sus dos libros al mismo tiempo que San Mateo escribió su evangelio, alrededor de los años 80-85 después de Cristo. El autor, después de reunir la información y la tradición oral, crea una historia organizada y se la manda a Teófilo (quien pudo haber sido un oficial romano) para que él sacara algunas copias del libro (Lucas 1:3-4).

Circunstancias y audiencia

El ambiente de San Lucas es parecido al de San Mateo, pero Lucas escribió para los paganos (no judíos) como él. A él no le interesan los antecedentes judíos de Jesús sino lo que Jesús significa para el mundo. Noten que San Lucas se remonta hasta Adán, el primer ser humano, al dar los antecedentes de Jesús. San Mateo, por el contrario, sólo se remonta hasta Abrahán, el primer judío. A Lucas no le interesan las cosas puramente judías puesto que escribe para los no judíos y escribe en griego.

Igual que Marcos y Mateo, Lucas le presenta a Jesús a los lectores que buscan la fe. Su devoción por Jesús es obvia. Subraya la misión de Jesús y la continuación de la misma en la Iglesia, a través del Espíritu Santo. Al Espíritu Santo se le da mucha importancia en los Hechos, y también en este evangelio más que en los otros. Fíjense como en los primeros cuatro capítulos, el Espíritu Santo es la fuerza que motiva las acciones (1:16, 34-35, 41, 67; 2:26-27; 3:16, 22; 4:1, 14). San Lucas marca el comienzo de la misión de Jesús, señala su propósito y traza la expansión desde Palestina a los confines del mundo de aquella época y termina con su culminación en Roma. A Jesús lo motiva su misión — una misión a los paganos, una misión de compasión, especialmente hacia los pobres, los marginados, los insignificantes. Y San Lucas resalta la bondad y ternura de Jesús con las mujeres a su alrededor. Ahora examinaremos más de cerca la misión de Jesús.

San Lucas demuestra que Jesús es el Salvador del mundo y que su misión no tiene fronteras. Esto se ve en la profecía de Simeón (2:30-32). Lucas está convencido que la misión de Jesús es la de ser el Salvador del mundo.

En el bautismo de Jesús (3:6), San Lucas afirma esta convicción. El cita a Isaías 40:3-5 para demostrar la intención de Dios. En el Evangelio de Lucas, Juan el bautizador afirma que Jesús es para toda la humanidad.

La misión a los paganos

El Evangelio de Lucas demuestra un interés constante por los paganos y por sus necesidades, aunque Jesús no predica sino en Palestina. Jesús siempre está rodeado por los paganos. Ellos lo escuchan y le hablan. Y a veces ellos entienden mejor a Jesús que los mismos judíos. He aquí unos ejemplos de esto. Quizás quieras buscar otros ejemplos en el evangelio.

En Nazaret, en los comienzos de la vida pública de Jesús (4:16-27), la gente se preguntaba si no era éste el hijo del carpintero José. Jesús le contesta a estas personas con palabras que indican que él ya había pensado en su misión a los paganos. Esta no fue la primera vez que Dios mandó a un mensajero suyo a los no judíos y Jesús también irá a ellos. Así que Jesús se planta firme ante los prejuicios de su propio pueblo y sabe que su Padre lo ha enviado tanto a los no judíos como a los judíos.

Jesús se relaciona con todos (7:1-10). Este capitán romano había sido aceptado por los judíos, no sólo por haber ayudado a construir la sinagoga, sino porque no abusaba de su poder militar. El no se atrevía a pedirle personalmente a Jesús la ayuda que necesitaba, pero reconocía la autoridad espiritual que tenía Jesús. Sabía que Jesús sólo tenía que decir una palabra y su servidor sanaría. Jesús estaba dispuesto a ir a la casa del soldado, aunque esto iba en contra de las leyes judías. Pero el capitán le dice que no tiene que ir a su casa y Jesús le corresponde sanando a su servidor. A Jesús le cayó bien el soldado. Y este soldado confía más en Jesús que los mismo israelitas. Esta historia les daría ánimo y alegraría a los no judíos convertidos al cristianismo (en los años 80) a creer que lo que Jesús quiere es su fe y que no le importa su nacionalidad.

Jesús afirma constantemente que aunque el Reino se les ofreció primero a los judíos, serán los no judíos los que vivirán en él. Lee en el capítulo 13 los versículos 28-30. Los que escuchaban a Jesús se enojaron (y con razón), pero para los que leían el Evangelio de San Lucas, estos comentarios ofrecían esperanza y apoyo.

En el capítulo 17, versículos 11-19, Lucas narra como Jesús sanó a los diez leprosos. Siempre se dice que nueve de estos no agradecieron lo que Jesús hizo por ellos, pero lo que San Lucas les dice a sus lectores es que el único que dio gracias fue el samaritano (un extranjero que era menospreciado por los judíos). Todos tuvieron fe al ir a Jesús, pero este samaritano tuvo aun más fe porque reconoció el amor que lo sanó y dio gracias por ese amor. Volvió al mismo lugar donde había encontrado a Dios, mientras que los otros nueve iban a cumplir con lo que se les había dicho. Y Jesús alaba a este samaritano por su fe.

Aun cuando Jesús está a punto de morir, se menciona a alguien que no era judío — el capitán del ejército alaba a Dios al pie de la cruz y dice que Jesús era un hombre justo (23:47). El tuvo la integridad de mencionar la justicia, aunque era muy tarde para hacer más por Jesús.

Así es que San Lucas describe la relación que Jesús tuvo durante su vida con los que no eran judíos. Lo que Lucas escribió los debe haber entusiasmado y alentado mucho. Y Lucas nos dice lo mismo a nosotros hoy. Nosotros también suponemos que Cristo nos tiene un lugar y con toda razón suponemos esto. Pero de todos modos, es bueno saber que Dios lo ha dispuesto así desde el principio — que todos somos sus hijos adoptivos porque él nos ama mucho.

La misión a los pobres y los marginados

El interés de Jesús por los que no eran judíos culmina con su compasión por los pobres, los perdidos, los marginados de la sociedad. San Lucas aprecia mucho la compasión de Jesús. El ve en Jesús el Espíritu del Padre lleno de ternura que busca a los marginados, a los rechazados, a los pecadores y a los que se sienten culpables y están confundidos, y especialmente a los pobres. Aquí sólo se ofrecen algunos ejemplos, pero puedes buscar más.

San Lucas expone el tema desde el principio de la historia de Jesús. La mujer estéril (una marginada en términos de la sociedad israelita) da a luz un niño, un profeta (1:7-25). La misma Madre de Jesús (1:50-53) se alegra porque los poderosos han perdido sus tronos y los humildes los ocupan. Una viuda de edad muy avanzada le ofrece alabanza a Dios cuando Jesús es presentado en el templo (2:36-38). Y cuando Juan el bautizador predica, no sólo vienen los "buenos" sino los cobradores de impuestos y los soldados — otros marginados (3:12-14).

A los cobradores de impuestos se les despreciaba porque cooperaban con los romanos. Ellos no sólo cobraban los impuestos sino que cobraban más de lo necesario y se quedaban con la diferencia. Sin embargo, Jesús se acerca a estas personas para ofrecerles su amor y compartir con ellas. Hasta le dijo a uno de estos cobradores que lo siguiera (5:27-32). Quizás quieras leer en el capítulo 18 los versículos 9-14 y también la historia de Zaqueo (19:1-10). Fíjate que Jesús nunca dice que es bueno ser cobrador de impuestos, pero él va más allá de lo que una persona hace o más allá de la moralidad de una situación dada. Jesús busca a los hijos de Dios para ganárselos para el Reino.

En la sociedad hoy día no existen cobradores de impuestos igual que existían en Palestina en aquel entonces, pero sí existen personas a las cuales se les desprecia por su moralidad cuestionable. Por ejemplo, personas que tienen una mala reputación y que son despreciadas por las que se tienen por rectas. O los que han cometido algún crimen, ya estén en la cárcel o fuera de ella, son despreciadas también. O a personas que tienen valores diferentes a los de la mayoría se les desprecia a menudo. Jesús no despreció a personas como éstas, sino que les dio su amor sin reservas. Y Jesús hasta defendió a estas personas en diferentes ocasiones. Si lees Lucas 7:36-50, verás como una mujer pecadora quería acercarse a Jesús para expresarle su amor. Jesús aceptó su amor y le dijo al dueño de la casa (un fariseo) que éste era el que estaba equivocado. Frente a Jesús la mujer no se sintió avergonzada. Y en cuanto a los criminales, la única persona que recibió la promesa del paraíso del propio Jesús fue un hombre que había sido condenado a muerte (23:39-43).

En el capítulo 15, Jesús habla en parábolas de la compasión del Padre. Podemos identificarnos muy a menudo con el hijo que malgastó el dinero de su padre y pensamos que él es la figura principal de esa parábola. Pero para Jesús, la figura principal es el padre que representa a su propio Padre. El padre le da libertad al hijo para que malgaste lo que es suyo y espera ansiosamente por su regreso a casa. Cuando el hijo regresa, el padre no lo regaña, al contrario, se adelanta y le sale al encuentro para recibirlo con amor y alegría. ¡Hasta le da una fiesta en su honor! El hijo debe haberse sentido muy sorprendido con esto, pero imagínate la inmensa alegría del padre. Este es el que Jesús llamaba *Abba,* que significa "Papi" o "Papacito." ¡Esta es una historia muy conmovedora!

¿Quiénes son considerados como los marginados de una sociedad? Cuando se juzga a base del dinero, los pobres quedan en último lugar. Pero Jesús no opinaba de esta manera. De hecho, Jesús concentraba su ternura y compasión en los pobres. En Lucas 6:20-21, cuando Jesús empieza a predicar el Reino, él dice que los primeros que van a gozar del Reino son los pobres y los que tienen hambre. San Lucas no se refiere a tener hambre de cosas espirituales. Jesús insinúa que precisamente aquellos que no se pueden alegrar porque no tienen las cosas materiales de este mundo, tendrán la alegría del espíritu. ¿Aceptas esto? ¿Crees que "debemos alimentar sus cuerpos antes de alimentar sus almas"?

Jesús aprecia mucho la generosidad de los pobres y hace un comentario sobre esto en Lucas 21:1-4. De nuevo Jesús se fija en lo que una persona tiene en su interior, su motivación, su corazón. La pobreza de esta mujer le da mucho más valor a su ofrenda. La cantidad de dinero que ella ofreció era casi nada. Puede que quieras meditar esto durante unos momentos. ¿Das tú de lo que te sobra solamente?

En Lucas 14:16-24 y 16:19-31, Jesús da dos parábolas acerca del Reino y los pobres. Dice que los ricos tienen demasiados intereses materiales para entrar en el Reino. Así que los pobres y los enfermos — los que no tienen todos estos intereses materiales — serán los que participarán del Reino. El ver a un pobre sentado en frente de la casa de un rico era algo muy común para los que escuchaban a Jesús. En el siglo 20 no se ve esto tanto, pero no hay que ir muy lejos para ver a personas que viven en medio de la pobreza. ¿Entrarán al Reino antes que nosotros?

La misión a las mujeres

El Evangelio de San Lucas se considera el evangelio de las mujeres porque él las menciona a menudo y también menciona la contribución de ellas. Lucas hace esto más que los otros evangelios. El escribe acerca de la bondad de Jesús para con las mujeres. Esto se ve claramente en el capítulo 7, versículos 11-15 cuando Jesús obra un milagro porque se compadeció de la pobre viuda. Seguramente que sintió su dolor y sabía que la vida para ella sería muy dura sin su hijo. Lo primero que le dice es, "No llores," y entonces le devolvió la vida a su hijo. La compasión y la ternura de Jesús también nos llegan a nosotros hoy.

En Lucas 8:1-13 se ve como algunas mujeres acompañaban a Jesús y a sus discípulos para atenderlos. Al pie de la cruz se ve otra vez a las mujeres (23:49) y ellas ayudan con el entierro (23:55-56). Por el interés y el cariño que han mostrado, ellas son las primeras en saber que Jesús había resucitado (24:1-11). Entre los seguidores de Jesús siempre se encuentran algunas mujeres a quienes él aprecia y les agradece el interés y el cariño que le demuestran.

Dos de los amigos más íntimos de Jesús son mujeres: Marta y María. Ellas viven cerca de Jerusalén, y cuando Jesús va a ese pueblo, se queda en la casa de esas hermanas (10:38-42).

Lucas menciona las palabras que Jesús les dirigió a las mujeres y esto demuestra que Jesús las amaba: 13:10-13; 21:23; 23: 27-30. En la época de Jesús, las mujeres vivían muy postergadas. Sin embargo, Jesús hablaba con ellas abiertamente, y curó a las que lo necesitaban. San Lucas se crió en la sociedad griega que respetaba más la dignidad de las mujeres y por eso él notó y apreció la actitud de Jesús para con las mujeres.

Lucas reunió a tres grupos — los no judíos, los marginados y las mujeres — al pie de la cruz. Puede que quieras leer la narración de Lucas de la crucifixión (23:26-24:54). Al leerla, piensa en los grupos que se mencionaron y también en que Jesús los amó y se dedicó a ellos durante su vida pública.

La realización de la misión de Jesús se llevó a cabo después de la Resurrección con la venida del Espíritu Santo. Lucas narra este suceso en los Hechos. Aquí se ve otra vez como los no judíos, los marginados y las mujeres juegan su papel. Si quieres leer esta narración, lee los Hechos de los Apóstoles.

Orando con San Lucas

San Lucas escribe más sobre la oración de Jesús que los otros evangelistas. Este aspecto de la vida de Jesús reafirma que él era un ser humano que estaba íntimamente unido al Padre. Cuando podía, pasaba tiempo a solas orando (5:16). También Lucas presenta a Jesús lleno de alegría, hablando con su Padre (10:21). Y nosotros, junto con sus discípulos, le debemos pedir a Jesús que nos enseñe a orar.

Jesús se dirigió solamente al Padre para obtener todo lo que necesitaba. Se nutría de la oración y nosotros debemos seguir su ejemplo. Y lo que Jesús sabía era que la clave para recibir lo que el Padre le daba (y nos puede dar a nosotros también) era el estar *dispuesto* — dispuesto a recibir lo que se le ofrecía.

San Lucas sabe que Jesús es extremadamente generoso y él te ayudará a que te dispongas a recibir los dones que Jesús te da. Escoge un pasaje donde Jesús le corresponde a alguien, quizás el pasaje que más te guste. Ponte en el lugar de la persona a la cual Jesús le muestra su amor. Deja que Jesús se fije en ti, que te dé su ternura. En silencio, deja que Jesús te ame. Ábrete a su amor y *disfruta* de ese amor. No hagas nada más que recibir a Jesús en lo más profundo de tu ser. Cada vez que hagas oración, escoge un pasaje diferente. Pronte te darás cuenta de una nueva sensación — la de ser querido/a por ese Jesús que tanto te ama.

Jesús también acudió a su Padre para que éste le diera consejos y lo ayudara a tomar las decisiones importantes de su vida y para aceptar su voluntad en todo. Esto se ve claramente antes de su pasión (22:39-44). *Tú también quieres que el Padre te ayude* y que te dé el valor y la fuerza para aceptar lo que él te da — a veces recibes algo que no es fácil de aceptar. Los ejemplos que este evangelio da de Jesús haciendo oración antes de tomar decisiones importantes (6:12; 9:18-22, 28-36; y otros) te pueden enseñar mucho. Piensa en las decisiones que debes tomar, las importantes y las menos importantes. ¿Quieres su ayuda? Una vez que se la pides, ¿eschuchas con atención? La mitad del tiempo que pasas pidiendo ayuda debes dedicarlo a escuchar. El Padre no necesita que le des todos los detalles porque él ya los conoce. Pero tú necesitas escuchar al Padre. Haz una lista de las decisiones que debes tomar y medita Lucas 5:1-11 al presentarle la lista al Padre. Tienes derecho a contar con que te conteste. *Escucha.*

Hoy día, la gente ha descubierto de nuevo la oración de alabanza. *Si tú te acercas a Dios con la receptividad de San Lucas, eso te llevará a la alabanza.* El responder con alegría es algo que San Lucas considera que se debe hacer. Lee de nuevo a Lucas 10:21-22 y verás a Jesús ofreciendo alabanza. Fíjate que Jesús espontáneamente alaba a su Padre. ¿Existen ocasiones como ésta en tu vida? Piensa en esto y usa los pasajes de San Lucas 1:46-55 ó 1:68-79 para comenzar. Quizás quieras buscar palabras para la oración a través del evangelio como *alégrense, bendito/a, felices, alzar.* Concéntrate en estos pasajes cuando hagas oración o úsalos para comenzar o terminar tu oración.

Te darás cuenta de que Dios es parte de tu vida diaria al tú sentir su amor al hacer oración, al seguir sus consejos cuando tomes decisiones, y al darle tú las gracias porque él se te ha dado tan generosamente. Tu vida comenzará a reflejar la influencia de Dios en ella, proclamará la presencia de Dios en tu interior y tus relaciones con los demás te darán mayor satisfacción personal.

Entonces querrás compartir la bondad de Dios. Jesús les enseñó a sus discípulos a ser sus testigos. Vemos, al principio del capítulo 10 como Jesús los mandó a todas las ciudades. En las últimas palabras de Jesús (24:48), él los llama testigos. Recuerda que el dar testimonio no era algo abstracto para estos cristianos. Ellos se habían conmovido por lo que habían visto, lo que habían experimentado. Es inútil dar testimonio de Dios hasta que uno le conozca, hasta que uno haya experimentado lo maravilloso que es Dios. El decirle a la gente lo que deben creer es perder el tiempo. El testimonio que hace de Jesús una realidad para los demás es el de la experiencia propia, la reflexión sobre lo que esto significa para ti. Es de suma importancia que compartas a Dios, primero que nada, para el bien de los que te quieran escuchar y también para tu propio bien. Continuarás recibiendo de Dios solamente en la medida que lo compartas. Así que, comparte su bondad con otros. Eso también es oración.

Preguntas para contestar

Nota: Aquí se repite la advertencia que se ha hecho con los otros evangelios — lee otra vez lo que se dijo en esta sección al final del capítulo sobre San Marcos.

1. A San Lucas se le conoce muy bien por sus parábolas. Quizás quieras estudiarlas por separado. Busca un mensaje importante en cada una de ellas.

2. ¿Quiénes en la sociedad son los pobres y los marginados? ¿Qué les ofrecería Jesús? Escribe las referencias del Evangelio — capítulos y versículos — de San Lucas donde encuentras estos puntos.

3. ¿Cómo se puede entender la existencia en los evangelios de la alegría junto con el sufrimiento? Busca ejemplos en Lucas.

4. ¿Hasta que punto estaba Jesús consciente de su misión y sus características?

5. Las enseñanzas de San Lucas, ¿te parecen exigir mucho? Lee Lucas 6:17-49.

Sugerencias para familias

Mediten juntos acerca del amor que Jesús tiene por cada miembro de la familia. ¿Qué cualidades ama Jesús en cada persona? Cada persona debe tener papel y lápiz y apuntar las buenas cualidades de cada miembro de la familia. Cuando hagan la lista de cada miembro, tomen unos momentos para expresar el amor que sienten por cada persona. Cada uno puede decirle a cada miembro de la familia una de las cualidades que tiene en su papel. Cuando todos hayan tenido oportunidad de hacer esto, entonces pueden tomar unos momentos para mostrar el amor que se tienen al abrazarse o darse un beso. Traten de *sentir* verdaderamente el amor que alguien les expresa.

Busquen el significado de la palabra *gentil.* Discutan las siguientes preguntas:

¿Quiénes son los "gentiles" hoy día? ¿A quiénes tratas y consideras que no son parte del "grupo"?

¿Tiene Jesús una misión a esta gente? ¿Cuál es esta misión?

¿Cómo puede tu familia ayudar a Jesús a cumplir esta misión? (Al contestar esta pregunta, piensen en las personas que tratan en la escuela, en el barrio, en el trabajo, en la iglesia.)

Usando papel y lápiz otra vez, que cada persona haga una lista de las razones por las cuales la familia ama a Jesús.

Después de hacer las listas, que cada miembro comparta una de las razones con el resto de la familia. Para terminar, pueden rezar una oración o cantar una canción apropiada.

Usen cualquier otra sugerencia en este capítulo.

Sugerencias para sesiones

Si usas este libro para una serie de 10 sesiones, aquí tienes unas sugerencias para las sesiones del Evangelio de San Lucas.

Primera sesión: La primera sesión puede dedicarse a cubrir este capítulo, con una concentración en la misión de Jesús a los no judíos, los marginados y las mujeres. Usa la pregunta 2 para la discusión.

Segunda sesión: Esta sesión puede basarse en una lectura del evangelio completo. Discutan la oración de alabanza y la de testimonio. ¿Cómo se complementan la oración de alabanza y la de testimonio?

Si usas este libro para una serie de 20 sesiones, aquí tienes unas sugerencias para las cuatro sesiones del Evangelio de Lucas.

Primera sesión: Lee el Evangelio de San Lucas y la primera sección de este capítulo (hasta la sección titulada "La misión a los pobres y los marginados"). Discute la misión de Jesús a los no judíos.

Segunda sesión: Usando la segunda parte de este capítulo, escribe las referencias que encuentres en el evangelio de la misión de Jesús a los marginados y a las mujeres. Discute las preguntas 2 y 3.

Tercera sesión: Comienza a orar con San Lucas. Comparte tus experiencias. Discute: ¿Cómo puedes aumentar tu capacidad para recibir? ¿Qué haces cuando te distraes durante tu oración? ¿Crees que es deshonesto el alabar a Dios cuando sufres?

Cuarta sesión: Repasa el Evangelio de San Lucas. Discute las preguntas 1, 4 y 5.

4
El Evangelio de San Juan: Unión con Jesús y con el Padre

Este evangelio es una obra genial. Juan expone (más que ningún otro libro de la Biblia) que las Escrituras exigen nuestra meditación y también una dedicación a una vida de oración.

Juan se diferencia de los otros tres evangelistas (sinópticos) porque el orden de los eventos es diferente, los discursos de Jesús son más largos y su estilo es original. Este evangelio presenta a Jesús y a la comunidad cristiana de una forma diferente a los otros tres.

Fecha, autor, audiencia

Los expertos están de acuerdo en que este evangelio se escribió alrededor de los años 90 del siglo primero. Es el último de los cuatro evangelios y fue escrito 60 años después de la Resurrección de Cristo. Para aquel entonces, la comunidad cristiana se había organizado, tenía una identidad propia y un destino. Pero también tenía problemas y uno de ellos era el de la oposición que venía de la sinagoga (el templo judío). Los judíos habían expulsado de ella a los judíos convertidos al cristianismo.

San Juan se dirige principalmente a no judíos que en su mayoría eran cristianos, pero él tiene también un propósito misionero. En el capítulo 20, versículo 31, Juan plantea el propósito de sus escritos: para que crean que Jesús es el Cristo, el Hijo de Dios y que tengan la vida que sólo él puede dar. Que sea éste también tu propósito al leer y orar con San Juan: el confiar más en Jesús y compartir su vida.

El libro de las señales

El Evangelio de San Juan se divide en dos secciones. La primera (capítulos 1-12) es el "Libro de las señales" porque Juan nos da señales que Jesús obró para revelar la identidad de Jesús. A cada señal le sigue un discurso que explica el significado de la señal. La segunda sección (capítulos 13-20) es el "Libro de la gloria." Esta sección narra los hechos y el significado de la pasión, muerte y Resurrección de Jesús.

Juan usa símbolos en su evangelio. Preserva la tradición histórica, pero la usa para revelar un significado profundo. Al buscar esos significados profundos, uno ve la belleza, el reto, la invitación que existe en este evangelio.

Juan, en 1:1-18, inmediatamente, anuncia el tema de su evangelio: el Verbo, el Hijo, el único que ha revelado al Padre. Los versículos 10-12 dan un resumen del ministerio de Jesús: Jesús vino a los suyos, pero éstos no lo recibieron y hasta lo rechazaron; pero a aquellos que lo recibieron les concedió ser hijos de Dios.

El libro de las señales comienza poniendo a Jesús en perspectiva. Primero, aclara el papal de Juan el bautizador (1:19-27). Después, en 1:34 (y en los versículos que siguen), expone quien es Jesús. Fíjate como se desarrolla el descubrimiento de sus apóstoles: el maestro (1:38), el Mesías (1:41), la realización de las esperanzas expresadas en el Antiguo Testamento y, por último, el Hijo de Dios, el Rey de Israel (1:49). La clave se encuentra en la respuesta que Jesús dio en 1:39, "Vengan y lo verán." Esa es la invitación del evangelio: Vengan a Jesús, conózcanlo — y quédense con él, igual que esos dos discípulos.

La primera señal

Para que sus discípulos "vieran," Jesús obró señales que demostraban su gloria. San Juan da siete señales. La primera es el cambio del agua en vino en las bodas de Caná (2:1-12). De esta narración podemos aprender varias cosas acerca de Jesús. Primero, su interés principal es la voluntad de su Padre y la hora fijada por su Padre (2:4). Los jarrones de agua (2:6) marcan el comienzo de un tema favorito de Juan. El ve a Jesús como a alguien que cambia por completo las leyes judías, los días de fiesta y las costumbres de la época. La costumbre judía, en este caso, es la de los ritos de purificación. Jesús, en cambio, usa esos jarrones para algo mejor — para el vino nuevo que simboliza el Reino. Además, las bodas simbolizan la celebración que habrá cuando llegue el fin del mundo, cuando el Ungido vendrá y todos nos sentaremos a su mesa. Para darle más énfasis a esto, el mayordomo dice (2:10), ''Tú has dejado el mejor vino para el final.'' Juan considera que esto significa que Jesús es el que el Padre ha enviado para establecer el Reino.

Entre la primera y la segunda señal que Jesús dio, Juan presenta a varias personas que acudieron a Jesús. Primero veamos el capítulo 2, versículos 13-22. Los jefes judíos no creen en Jesús y los discípulos por ahora tampoco creen en *las palabras* de Jesús (2:20-22). Sólo algunas personas creen en él *por las señales* que obraba (2:23). La segunda persona es Nicodemo (3:1-21) quien acude a Jesús por las señales (3:2), pero al mismo tiempo no comprende sus palabras. La tercera persona es Juan el bautizador (3:22-30) quien cree que Jesús es el Mesías (3:28-29). La cuarta persona es la mujer samaritana (4:7-42) quien cree en *las palabras* de Jesús cuando él le dice la verdad sobre la vida de élla (4:17-19, 29). Ella lo reconoce como un profeta y como el Mesías.

La segunda, tercera y cuarta señal

La segunda señal fue la curación del hijo del funcionario. La oración clave es la del versículo 50 en el capítulo 4. ''El hombre creyó en *la palabra* de Jesús y se puso en camino.'' Para Juan, Jesús es esa palabra — el Verbo. Esto es lo contrario a creer en Jesús porque da señales (4:48). Fíjate que Jesús le devuelve la vida al muchacho. Juan los invita de nuevo: Vengan, vean, crean y reciban vida.

La tercera señal que Jesús obra es la restauración del paralítico de Betsaida después de 38 años de enfermedad (5:1-9). Jesús expresa su unión con el Padre (5:19-21) y es por esta unión que Jesús puede darle la salud y hasta la vida a alguien. Para Juan, sin embargo, la vida es algo más que sólo lo físico. La vida es vida eterna en Jesús, unión con él y con el Padre, es la participación de la vida de Dios (5:25-26). En el versículo 25, la palabra *"muertos"* significa muertos en lo *espiritual.* Jesús obró esta señal un sábado para demostrar que Dios está por encima del sábado (5:17).

La cuarta señal es la multiplicación de los panes (6:1-15). Esta señal tiene gran significado y la explicación se halla en 6:32-58. Esta señal tiene un gran paralelo con la Eucaristía. Años atrás, los israelitas habían sobrevivido en el desierto porque Dios les había mandado el maná del cielo como alimento. Ellos acudían a Dios cuando necesitaban algo, pero a menudo se apartaron de Dios y por eso murieron en el desierto. Ahora Jesús propone algo nuevo. El dice que "El pan que Dios da es éste que *ha bajado del cielo* y que da vida al mundo." (6:33) Jesús es este pan que da vida eterna, vida al espíritu, no sólo al cuerpo. La Eucaristía es el banquete donde comemos este *pan de vida.*

Al igual que las otras señales, ésta les dio la fe a muchos (6:14). Y ahora quieren proclamar a Jesús rey (6:15).

Otra vez Juan demuestra que no está interesado en los detalles de como se obró el milagro, y los discípulos simplemente recogen los pedazos que sobraron (6:12).

La quinta, sexta y séptima señal

La quinta señal en Juan 6:16-21 sirve de introducción al discurso de Jesús e introduce un tema nuevo — "Yo soy."

El discurso (6:26-69), que sirve de explicación, prueba la fe de sus discípulos. Algunos deciden que es imposible comprender a Jesús, y lo abandonan (6:66). Sólo los más allegados a él se mantienen fieles a Jesús, y la declaración de Pedro (6:68-69) afirma que ya no necesitan de señales para creer en él. ¡Han madurado mucho desde las bodas de Caná!

Los capítulos 7 y 8 son una preparación para la sexta señal. Jesús está de nuevo en Jerusalén, esta vez para celebrar la fiesta de los Tabernáculos. Esta fiesta tenía que ver con las cosechas. Por las noches el patio del Templo se iluminaba con antorchas y el último día de la fiesta se derramaba una gran cantidad de agua. Jesús se puso de pie en medio de los que celebraban ese día y dijo, "Si alguien tiene sed, venga a mí y beba. Si alguien cree en mí, *el agua brotará en él,* según lo anunció la Escritura." (7:37-38) Entonces, en el capítulo 8, versículo 12 (quizás las antorchas estaban encendidas), Jesús declara que él es la luz que acaba con las tinieblas. De nuevo Jesús demuestra que él está por encima de una fiesta (antes demostró esto en cuanto al sábado). El está dando testimonio de sí mismo y de su divinidad.

Jesús obra la sexta señal (9:1-41) para demostrar que él es la luz y le da la vista a un ciego de nacimiento. Jesús "ilumina" la vida del hombre. Es interesante notar que la Iglesia primitiva a veces llamaba al bautismo una "iluminación." El capítulo 9 se parece a un drama y es también un poco cómico. Los que escuchaban a Jesús estaban en desacuerdo (9:13-16). La situación de los años 90 se refleja en 9:22-23 — el miedo de ser expulsado de la sinagoga por creer en Jesús. Entonces, en el capítulo 9, los versículos 35-39 tienen un doble sentido porque implican que los que son expulsados de la sinagoga vienen a Jesús para que él les de la luz verdadera.

La séptima y última señal de Jesús es la resurrección de Lázaro en el capítulo 11. Jesús prueba que él es vida (aun cuando él mismo va camino a la muerte). Sólo al confiar plenamente en Jesús uno obtendrá la vida eterna. Lee el capítulo 11, versículos 23-27. Marta confía y cree en Jesús, aun cuando ella no sabe que él le va a dar vida a su hermano en ese momento.

Esta última señal causa más división entre los que escuchan a Jesús y lleva a los jefes de los sacerdotes y los fariseos a la decisión de acabar con Jesús (11:45-50). Aquí las palabras de Caifás, el jefe máximo de los sacerdotes, expresan una gran verdad (aunque él no sabía que lo hacía). Al él decir que convenía que un hombre muriera por el pueblo, creía que acabaría con Jesús y con los que lo seguían. Lo que no sabía era que la muerte de Jesús lograría la unidad de los hijos de Dios (11:51-52).

Estas son las señales de Jesús en el Evangelio de San Juan. Cada una está repleta de significado. El significado sólo se ha cubierto por encima. Hay mucho más que puedes descubrir si vuelves a leer estas secciones y las meditas más a fondo.

Temas y palabras claves

El Evangelio de San Juan se puede estudiar y meditar por medio de temas. Al cubrir las señales se ha trazado este tema: Vengan, vean, crean, confíen y reciban vida. Otros temas son fáciles de descubrir. Simplemente busca una palabra o frase clave. Una de éstas es *"Yo soy."* La mayoría de las veces en este evangelio, Jesús usa "Yo soy" como un título. Este título tiene el mismo significado que la palabra hebrea que significa Dios (Exodo 3:14). Cuando Jesús usa estas palabras, está afirmando su divinidad. Es por esto que los judíos quieren acabar con él. Encontrarás este título en estas secciones del evangelio: 6:20, 35, 51; 8:12, 24, 28, 58; 9:5; 10:7, 8, 11, 14; 13:19; 14:6; 15:1, 5; 18:5.

Otras palabras claves son *luz* (o luz-tinieblas); *vida; la hora* de Jesús que indica el momento determinado por el Padre para su glorificación. Para trazar estos temas tú puedes usar colores y subrayar cada tema con un color diferente en la Biblia. Para explorar estos temas:

1. Traza un tema desde el principio del evangelio hasta el final. ¿Encuentras nuevos significados al trazarlo?

2. Fíjate en el contexto de cada tema o palabra (¿es señal o discurso? ¿explicación o evento?) y su significado.

3. ¿Explica Jesús el tema? ¿Cómo se relaciona la palabra clave con lo anterior a ella o con lo que le sigue?

4. ¿Se relacionan los temas entre sí? ¿Se usan en un mismo pasaje? ¿Ayuda uno de ellos a aclarar el otro? ¿Cómo?

Apunta lo que descubras en las páginas de tu Biblia. Así conservarás el fruto de tu labor por muchos años.

El libro de la gloria: Pasión y Resurrección

Todos los temas y las señales llegan al punto cumbre en la pasión/muerte/Resurrección (capítulos 13-20). Estos tres eventos son la culminación de la obra de Jesús y realizan todo lo anunciado a sus discípulos. En una hora, Jesús *obra,* sin que pueda haber duda alguna, todo lo que ha estado anunciando por las señales, prometiendo en sus discursos y enseñando a sus discípulos. Hasta ahora Jesús ha hablado y actuado para todos. Ahora todo es para "los suyos," los que creen.

Su hora final, hora de gloria, comienza cuando Jesús lava los pies de sus apóstoles (13:1-17). ¿Dónde está la gloria? El lavar los pies, en aquel entonces, era trabajo de los sirvientes. En los otros tres evangelios vemos a Jesús instituyendo la Eucaristía. Juan no dedica parte de su evangelio a narrar la institución de la Eucaristía, sino que ofrece una explicación de su significado. La Eucaristía presupone una disposición al servicio de los demás — el hacer cualquier cosa para que otro alcance la plenitud de vida. Esto significa el servir igual que sirve un esclavo o un sirviente.

Aun más, el ser discípulo es el recibir de Jesús. No podemos dar Vida (eterna) a otra persona si no la tenemos nosotros primero. La Vida no es algo que nos pertenece, sino algo que Jesús nos da. Y nos da esa Vida con su muerte. Conocemos bien cual es el problema de Pedro (13:6-9). La auto-suficiencia no nos dará la Vida. La Vida sólo nos llega a través de la unión con Jesús. Esta unión es algo que recibimos; no la podemos ganar o alcanzar sólo por nuestros propios medios o esfuerzos. Como discípulos sólo podemos decir "Gracias, Señor, por haberme dado la Vida," y no "La he ganado."

Los temas principales de este discurso (capítulos 14-17) interpretan el juicio, el sufrimiento, la muerte y la Resurrección de Jesús. Juan ve todo esto como un solo suceso, un acto de Jesús que tiene un solo significado. El significado es la glorificación.

Fíjate como durante el transcurso de este suceso (capítulos 18-20), Jesús, en cierto sentido, no es una víctima. Para Juan, Jesús mantiene el control. Fíjate en estos puntos:

En Juan 18:4, Jesús *se* entrega a sí mismo.

En Juan 18:11, él anuncia que está decidido a cumplir con su misión.

En Juan 18:20-21, 23, sus palabras están llenas de determinación; su discusión con Pilato en 18:34-37 es una proclamación de su autoridad.

En Juan 19:10-11, se ve como Jesús demuestra su confianza en el Padre al no contestarle a Pilato; no trata de defenderse.

Juan muestra a Jesús cargando con su cruz sin ayuda (en el capítulo 19, versículo 17).

Colgando de la cruz, Jesús le entrega a su Madre al discípulo Juan (19:26-27) y nos la entrega a todos los creyentes también.

Jesús dice que tiene sed (19:28) para cumplir las Escrituras; y finalmente, sin gritar, declara que todo está cumplido y entrega su espíritu (19:30). Puedes ver como Jesús, a través de todo esto, siempre está al control de todo, y nunca aparece como la víctima de las circunstancias (puedes leer también 10:17-18).

En las Escrituras, la palabra "gloria" significa la manifestación de la presencia de Dios. Es la revelación de sí mismo. Esto es precisamente lo que pasa en la glorificación de Jesús: él se revela. Esto está escrito en la cruz (19:19). En el capítulo 19, versículo 34, se ve como brota la vida para todos. Ahora todo lo que Jesús prometió se ha cumplido.

Juan narra ahora la historia de María Magdalena y Jesús resucitado (20:11-18). El diálogo revela a Jesús. María desea tanto estar con Jesús, que cuando él pronuncia su nombre, ella lo abraza inmediatamente. Jesús le dice entonces, "Anda a dicirles a mis hermanos. . . ." María va y anuncia, "He visto al Señor. . . ." Jesús había invitado a todos a que lo vieran, se había revelado totalmente en su glorificación y ahora su seguidora lo reconoce. En la historia de Tomás (20:24-29), el discípulo cree porque ha visto. Jesús entonces les pide a los cristianos algo más. Les asegura su felicidad y su vida a los que creen sin haber visto.

Orando con San Juan

El Evangelio de San Juan, más que cualquier otro, conduce a la oración. El discípulo únicamente desea ser uno con Jesús. Esto sólo puede suceder si se recibe a Jesús en la oración, al dejarle que comunique su vida. El Prólogo (1:1-18) y los discursos de Jesús son fuentes excelentes para que brote la oración. A través de ellas se recibe la invitación de Jesús para una comunicación de corazón a corazón.

Para ayudarte con la oración, aquí tienes unas frases de cada discurso para comenzar. También encontrarás un método que puedes seguir.

● 1:1-18, especialmente los versículos 3-5 (todo lo bueno se ha prometido en Jesús) y los versículos 11-12, 14 (el Padre es nuestra esperanza, es todo amor y se nos ha dado).

● 3:5-21, 31-36, especialmente los versículos 5 y 6 (la vida que nos da la carne no es la que da el Reino), el versículo 8 (la completa libertad que nos da el Espíritu) y los versículos 16-18 (el creer en Jesús nos libra de la perdición).

● 4:10-38, especialmente los versículos 23 y 24 (por medio de la vida que nos da Jesús podemos adorar al Padre) y el versículo 34 (el hacer la voluntad del Padre es alimento suficiente).

• 5:19-47, especialmente el versículo 24 (el que verdaderamente cree, ya posee la vida eterna) y, a lo largo de esta sección, se ve la unión de amor de Jesús con su Padre.

• 6:26-58, especialmente el versículo 27 (la meta del que cree) el versículo 29 (la verdadera misión de cada cristiano) y el versículo 51 (el que recibe a Jesús tiene la vida en él/ella).

• 8:12-58, especialmente los versículos 28 y 29 (Jesús es Dios y su obediencia al Padre es perfecta), el versículo 47 (el entrar en relación con Dios significa la comunicación con Dios) y el versículo 54 (Dios es la fuente de la revelación de Jesús).

• 10:1-38, especialmente el versículo 9 (Jesús es el camino al Padre porque los dos están en perfecta unión).

• Los capítulos 14-17, especialmente 14:1 (podemos eliminar las tensiones si creemos en Jesús), 14:12-13 (nunca estamos solos), 14:27 (aquí está la paz que tanto buscamos), 15:5-7 (Jesús quiere que produzcamos frutos, pero los produciremos porque él los produce), 15:9-10 (Jesús nos ama muchísimo), 15:18-20 (hemos de contar con el rechazo del mundo si le pertenecemos a Jesús), 16:13-14 (el Espíritu será el que nos revelará a Jesús; podemos contar con esto), 16:20-22 (Jesús quiere nuestra felicidad y será nuestra a pesar de los sufrimientos), 16:27 (un consuelo para nosotros), 17:9-10 (la unión de Jesús con su Padre se realiza en nosotros), 17:20-23 (la razón de nuestra vida y de la existencia de la Iglesia), 17:26 (el propósito de la muerte y la Resurrección de Jesús está en nosotros).

El método de oración que se sugiere es fácil de aprender, pero no siempre es fácil de poner en práctica. Es un método de meditación que puedes usar con cualquier parte de las Escrituras, pero especialmente con el Evangelio de San Juan.

Primero, busca un lugar tranquilo donde no tengas interrupciones. Debes estar solo/a. Escoge el pasaje para la oración — puede que los que se mencionaron te sirvan para empezar.

Segundo, ponte cómodo/a. Puede que quieras acostarte o sentarte en una silla cómoda. Toma unos minutos para relajarte lo más que puedas. Un método para hacer esto es respirar profundamente varias veces. Concéntrate en tus músculos, uno por uno, y relájalos.

Tercero, concéntrate en Dios. Date cuenta de su presencia, tanto dentro de ti como en el lugar donde estás. Dale gracias porque él es Dios y porque tú eres quien eres, y por estos minutos que tienes para compartir con él. Profundiza en el hecho de su presencia.

Cuarto, lee el pasaje despacio y con mucha atención. Cuando una palabra o una frase te diga algo especial, concéntrate en ella. Piensa en ella o repítela despacio varias veces. No pienses en lo que enseña, advierte, o en la resolución que puedes hacer. Ahora sólo te debe importar que la Palabra de Dios encuentre su morada en ti. No debe importarte si no *sientes* nada — Dios *está* presente. No le pongas ningún impedimento. Concéntrate en la misma palabra o frase mientras ésta le hable a tu corazón. Escoge otra palabra o frase cuando la que has estado repitiendo deje de tener significado para ti durante ese período de oración. Puede que durante un período de oración sólo repitas una palabra o frase. No te preocupes por el número sino por el significado.

Finalmente, para terminar, dedica unos momentos para agradecerle a Dios lo que te ha dado en este período de oración. Puede que no te des cuenta total de lo que es. Lo importante es que sepas que él es quien da y tú el/la que recibes. Dios cuida de ti y le puedes dar las gracias en confianza.

Preguntas para contestar

1. ¿Qué lugar ocupa el amor en el Evangelio de San Juan? Escribe las referencias del evangelio que prueban esto.

2. De acuerdo a San Juan, ¿cómo se puede experimentar la unión con el Padre?

3. ¿Quién es Jesús?

4. ¿Cuál es tu pasaje favorito en este evangelio? ¿Por qué?

Sugerencias para familias

Juntos, sigan el orden de este capítulo. Cuando lleguen al capítulo 13 del Evangelio de San Juan, contemplen el ejemplo que da Jesús al lavar los pies de los apóstoles. Lean la sección juntos y discutan el servicio, la entrega y la dedicación de Jesús. Cuando todos hayan tenido una oportunidad de expresarse, digan una oración juntos.

Lean y discutan el capítulo 15. Usando una hoja de papel grande, dibujen una viña. Pongan el nombre de Jesús en el tronco principal y cada persona entonces pone su nombre en una de las ramas. También pueden poner fotos en la hoja. En las otras ramas pueden poner los nombres de otros familiares y de amigos.

Los niños pueden tomar parte en la oración (meditación) que se explicó en este capítulo. Pueden orar juntos durante 5 ó 10 minutos de esta manera y después compartir juntos la experiencia. Para la discusión pueden usar estas preguntas:

- ¿Cómo me sentí?
- ¿Qué descubrí?
- ¿Me distraje? Si así fue, ¿qué hice para poner mi atención de nuevo en Dios?

No traten de evaluar la experiencia hasta que no hayan practicado este método varias veces. Sólo compartan y disfruten. Denle gracias a Dios en familia.

Sugerencias para sesiones

Si usas este libro para una serie de 10 sesiones, aquí tienes unas sugerencias para las sesiones del Evangelio de San Juan.

Primera sesión: Esta sesión se puede dedicar al libro de las señales (capítulos 1-12), usando este capítulo como guía (hasta la sección titulada "El libro de la gloria: la pasión y la Resurrección"). Discutan la pregunta 3 si tienen tiempo.

Segunda sesión: Durante esta sesión se concentrarán en el libro de la gloria (capítulos 13-20). Discutan la pregunta 5.

Si usas este libro para una serie de 20 sesiones, aquí tienes las sugerencias para las cuatro sesiones del Evangelio de San Juan.

Primera sesión: Lean el evangelio completo, buscando los temas que se mencionaron en la sección "Temas y palabras claves." Discutan el significado de los temas y usen las preguntas 1-3.

Segunda sesión: Lean el libro de las señales (capítulos 1-12 del Evangelio de San Juan), usando este capítulo (hasta la sección "El libro de la gloria: pasión y Resurrección") como guía. Discutan la pregunta 3.

Tercera sesión: Lean el libro de la gloria (capítulos 13-20 en el Evangelio de San Juan), usando este capítulo como guía. Discutan la pregunta 5.

Cuarta sesión: Lean el Evangelio de San Juan de principio a fin, teniendo en mente la pregunta 1. Discutan esa pregunta y también compartan sus respuestas a la pregunta 4.

Para terminar la lectura y la oración del evangelio y esta experiencia de las Escrituras, mediten Juan 21:1-14. Jesús ha vuelto al lugar donde por primera vez conoció a estos discípulos. Ellos están pescando. Pueden ver la presencia total de Cristo resucitado. Los discípulos habían tratado de pescar algo durante toda la noche, pero no lo lograron hasta que Jesús les dijo que echaran la red hacia la derecha. Entonces pescaron tantos peces que casi no podían con la red. Puede que descubran que Jesús está tan presente hoy como ese día en el lago — que nunca estarán solos porque su amor, generosidad y su paz ¡están con ustedes ahora y siempre!